VIOREL MARINEASA

Viorel Marineasa, *1944 in Țipari-Coștei, Kreis Timiș, Rumänien. Schriftsteller, Essayist und Journalist. Zahlreiche Literaturpreise. Veröffentlichte Bücher (Auswahl): *Weißer Brief*, Roman 1988; *Im Durchgang*, Roman 1990; *Werkzeuge, Waffen, Instrumente*, Kurzprosa 1992, *Pfingsten '51. Fragmente zur Deportation in den Bărăgan*, 1994; *Dikasterialpalast*, Kurzprosa 1995; *Die Deportation in den Bărăgan. Schicksale, Dokumente, Reportagen*, 1996; *Überbotene Tradition, zurechtgerückte Modernität. Die Publizistik von Nichifor Crainic und Nae Ionescu*, 2003; *Das Weinen des alten dramatischen Tenors aus Sowjetzeiten. Ein Handbuch für Panzerfahrer*, 2001; *Vor und nach dem Kalten Krieg*, Kurzprosa 2014; *Prosaschriftsteller aus Widerwillen. Ein Dialog mit Robert Șerban*, 2017.

Viorel Marineasa

Dikasterialpalast

Aus dem Rumänischen übersetzt von Georg Aescht

Ludwigsburg

Bibliografische Information der Deutschen Nationalbibliothek
Die Deutsche Nationalbibliothek verzeichnet diese Publikation in der Deutschen Nationalbibliografie; detaillierte bibliografische Daten sind im Internet über http://dnb.d-nb.de abrufbar.

Ludwigsburg: Pop, 2018
ISBN: 978-3-86356-192-5
Die POP-Verlag-Epikreihe, Bd. 95

1. Auflage 2018

© Pop, Ludwigsburg
Alle Rechte vorbehalten

Druck: Pressel, Remshalden
Abbildung Titelseite: Piotr Patryk Lewkowicz
Autorenfoto: Privat
Umschlag: T. Pop
Verlag: Pop, Postfach 0190, 71601 Ludwigsburg
www.pop-verlag.com

Dikasterialpalast

Meinen Eltern Livia und Vasile

Von Pauers, Beamters und anderen Sachen

Der letzte Harambascha

Im Jahre 1967 wurde in der erfolgreichen Fernsehsendung „Dialog la distanţă" (Ferndialog) ein gewisser Oprea aus der Gegend um Lippa/Lipova in höchsten Tönen als einer der letzten Haiducken vorgestellt. Es wurden sogar einige Verse zitiert, die den Keim einer Ballade hätten darstellen können:
„Grünes Blatt im Morgenrot, Oprea liegt im Weinberg, tot …"
Auf dass die Mystifikation des Haiduckentums nicht ihres Reizes beraubt werde, führte man die Geschichte jenes späten Harambaschas nicht weiter aus.
Hier ist die Wahrheit: Oprea genügte nicht im Entferntesten den Standards, mit denen man die Zunft gemeinhin in Verbindung bringt („hochgewachsen, / grundgescheit"), er war ein kleiner dicker Mensch, ein notorischer Säufer, der mitnichten „Wein aus dem Schlauch" trank wie die feinen Leute, sondern dem Trester aus dem Bottich zusprach. Seine hauptsächlichen Heldentaten: Er hat die Bank in der Stadt überfallen und ihren Direktor, seinen entfernten Anverwandten, umgebracht (ein Zeuge, der

hinter der Tür stand, hatte vor Aufregung die Hosen voll); er hat einen Kassierer erschossen und ausgeraubt, der den Holzfällern im Wald die Löhne auszahlen sollte; als er erfuhr, dass ein gewisser Șișu (dem obengenannter Weinberg gehörte) seine Ochsen verkauft hatte, zwang er ihn mit vorgehaltenem Gewehr zur Herausgabe des gesamten Geldes. Die Gendarmen nahmen seine Spur auf, und da er, wie gesagt, beleibt war, kam er nicht sehr weit und die tödliche Kugel ereilte ihn, als er sich einen Hügel hinaufmühte. Das war 1934.

Reste der Bande überstanden sogar den Krieg. Ungeachtet der Tatsache, dass sie der neuen Ordnung überhaupt nicht entsprachen, versetzten sie weiterhin die Gegend in Angst und Schrecken, ihre Raubzüge, mit kleinen Gräueln gespickt, trafen die Wohlhabenden ebenso wie die Armen. Einer hielt sich bis spät, wohl bis 51; Ciobu nannte man ihn, den Scherben. Seine ruchlosen Taten verärgerten sogar die Chefs der russischen Besatzungsarmee. Sie beschlossen, die rumänischen Behörden mit einem Panzer zu unterstützen, der die Verstecke des letzten Buschräubers im Sturm nehmen sollte, denn der fand stets Unterschlupf, mal bei den Zigeunern im Tal Valea Mare, mal bei jenen in der Gasse, die in die Hügel führte und Strada Mavrocordat hieß, was die Zigeuner sprachspielerisch mit einem Spruch verhöhnten, in dem ein gespannter Darm eine Rolle spielte. Die Volksmiliz dankte den sowjetischen Kommandanten herzlich und bat um die Erlaubnis, die Sache selbst zu regeln, allerdings unter Aufbietung aller Kräfte in der Gegend. Schließlich stellten sie den Banditen, als er seine Kebse besuchte, um Vorräte zu holen. Sie umzingelten die Räuberhöhle. „Gib auf, Ciobu", brüllte der Gefreite ins Megaphon, und schaurig widerhallten die Täler. Die Entgegnung war angemessen, unverfroren ballerte Ciobu mit seinem alten Schießeisen los. Um ihn unschädlich zu machen, schleuderte einer der Milizionäre eine Handgranate auf den Dachboden, denn von dort kamen die Schüsse, aber Ciobu fing sie auf und warf sie zurück. Zwei Personen wurden schwer verletzt.

Schließlich waren sie ihm überlegen und zwangen ihn, herunterzusteigen. Ihnen stand ein armseliger Wicht gegenüber, ein kleinwüchsiger und krummer Kerl, nur seine Augen hatten etwas Lauerndes.

Nachdem er aus dem Gefängnis entlassen worden war, wurde Ciobu zu einem friedlichen Schafhirten. Er schied mit etwas über siebzig aus dem Leben. Bis vor ein paar Jahren konnte man am Fluss Marosch ein weiteres Mitglied der Bande antreffen, Lae, einen einarmigen, verkrüppelten und triefäugigen Säufer, der tat, als fischte er, und in Ermangelung eines Obdachs unter Brücken und in Heuschobern schlief.

Melancholien mit Nadejda

In jenem Jahr machten die sowjetischen Truppen Anstalten, die Stadt und das Land zu verlassen. Am 7. November sollte die Abschiedsfeier im neuen Kulturhaus stattfinden. So dass die gute Russischlehrerin Nadejda Stepanovna von langer Hand Vorbereitungen traf. Weil sie mir besonders vertraute, machte sie mich zum „Avtor". Ein paar Jahre zuvor war es anders gewesen: Die russische Schule befand sich im Haus des Sever Bocu, einer Art Schloss in Miniatur; wir wurden in die Eingangshalle des Gebäudes geführt, das uns als Palast erschien, tauschten im Rahmen einer Pionierzeremonie Geschenke mit den dortigen Schülern aus, die sich im Übrigen von uns fernhielten – alles unter dem Bildnis, das den genialen Führer darstellte. Und damals, wahrscheinlich am Morgen danach, paradierten wir auch am Ufer der Marosch vor improvisierten Tribünen und skandierten die derzeit gängigen Losungen: „Stalin und das russische Volk haben uns Freiheit gebracht!", „Wir wollen Frieden auf dem Balkan ohne Angloamerikaner!" In der Zwischenzeit hatte man sich sehr schnell vom

Personenkult losgesagt. Jetzt hatte mir also Nadejda Stepanovna die Rolle des Dichters zugedacht. Da stand ich auf der Bühne vor dem weitläufigen Saal, als erster in einem Defilee von weiteren sieben oder acht Kollegen. Gespanntes Warten. In der zweiten Reihe neigte sich eine schöne Russin geflissentlich zum Ohr ihres Hauptmanns und versuchte ihm eindringlich, aber auch zärtlich anhand unserer Klamotten zu erklären, was wir symbolisieren sollten: Dichter, Eisendreher, Kolchosbauer, Bergmann, Arzt, Lehrer. Ich geriet schon beim zweiten Vers ins Stottern, die alte Lehrerin musste mir soufflieren. Ich hatte es ja kommen sehen. Hinter den Kulissen stießen wir auf die Leute vom Soldatenchor. Eine Weile lauschten wir: „Wolga, Wolga", „Wild ist die Steppe des Baikal", „Katjuscha". Dann gingen wir. An der Bude im Park aßen wir Würstchen von der Größe des kleinen Fingers. Schon waren wir Manns genug, Bier zu trinken, und schossen mit leichten Luftgewehren aufs Ziel. Wir zogen uns an den Ort zurück, der Unter den Gewölben hieß, ein Bau aus der Türkenzeit, für die Läden von Kaufleuten und Handwerkern bestimmt. Wir spielten Abschlagen. Es war schon ganz dunkel. Wir rannten einem Schwarm Mädchen hinterher, die wir flüchtig kannten, sie kamen vom anderen Ufer, von der Schule in Radna. Mir war nicht danach, heimzugehen. Irgendwie lastete ein Druck auf meiner Brust – vielleicht war es der Ärger darüber, dass ich mich in dem Gedicht verheddert hatte oder dass ich einen trüben Abend in den Mauern einer Ortschaft zubrachte, in der die Besatzungssoldaten den Einwohnern auch schon zahlenmäßig

ebenbürtig waren, ein Ärger, der noch dadurch verschärft wurde, dass die eingebildeten Radnaerinnen uns keinerlei Beachtung schenkten, wohl weil sie von Gymnasiasten oder gar Studenten träumten, vielleicht sogar von den langen Kerls der Volleyballmannschaft. Ich wusste, dass Nadejda Stepanovna mir tags darauf zarte Vorhaltungen wegen der Blamage auf der Bühne machen, sich aber einen Monat später freuen würde wie ein Kind, wenn sie mich am Nikolaustag mit einer riesigen Armbanduhr sähe: „Nu taaak, da chat djemand grossen Ajfer gjezajgt und wurdje bjelonnt"; die Uhr war eine Errungenschaft der leistungsstarken Industrie in dem Land des siegreichen Sozialismus nach dem Prototyp einer Schweizer Taschenuhr, die mein Vater für dreihundert Lei, der Hälfte seines Monatslohns, in einem Temeswarer Lokal von einem russischen Gefreiten erworben hatte, der sich auf die Heimreise vorbereitete … Ich wollte also nicht nach Hause, und so bogen wir zu dritt, ich, Căldăruș und Graf, unter ständigem Palaver in die Strada Mihai Viteazul ein. Wir erinnerten uns, wie uns einmal, als wir auf der Gasse rauften, ein Soldat getrennt hatte und, um uns zu begütigen, dauernd an den Zipfeln unserer roten Krawatten gezupft und gemahnt hatte: „Ty pjanjer?"
Dieselben Gassen werde ich fünfundzwanzig Jahre später, wieder Anfang November, mit Daniel Vighi durchstreifen auf der Suche nach jemandem, worauf wir erfahren werden, dass er umgezogen, gestorben oder gerade nicht da ist. Zur Wehmut entschlossen, werden wir auf dem Klosterberg Wodka trinken und vorklassische Musik hören. Wir werden am Haus des Sever Bocu,

versunken in der Finsternis, Unter den Gewölben, am Restaurant „Vînătorul" vorbeikommen. Nichts ist wiederzufinden, wie es war. Wir werden den Mitternachtszug nach Temeswar nehmen.

Partoș–Europa, hin und zurück

Nach Partoș bist du nicht mit dem Moped gefahren, das war ein andermal und in eine andere Richtung, nach Pișchia, allerdings – das stimmt – in Begleitung derselben Person. Als ihr in den Sattel stiegt, umfing sie dich, ohne den Haltegriff zwischen euch zu beachten, schmiegte sich katzenartig an dich in der Überzeugung, dass sie dadurch deine Mannhaftigkeit beförderte. So angeregt, gabst du Gas und warst froh, dass der Motor dir gehorchte, dass die Luft um deine Ohren sauste, dass du eine süße Last im Rücken hattest, dass du einen Tag mit ihr im Wald verbringen würdest. Nach Partoș bist du mit dem Bus gefahren. Von Banloc aus, auf einer Schlammpiste. Deine Innereien gerieten in Aufruhr, der Magen stand dir bis zur Kehle. Es mag auch an der Aufregung gelegen haben. Du warst vorgewarnt, dass sie euch beim Grenzposten am Dorfeingang anhalten würden, dass sie euch aus dem Fahrzeug holen könnten. So war es dann auch. Der Gefreite griff zum Telefon, sprach mit dem Offizier. Irgendwann mühte sich die Alte, der die Mitreisenden Bescheid gesagt hatten, durch die Schlaglöcher herbei und nahm euch mit, „auf eigene Verantwortung". Sie warnten dich vor ausgedehnten Spaziergängen durch die Gassen. Dein Ausweis blieb bei den Grenzern zurück. Offenbar machte dich deine Fresse verdächtig. Auch als du in Deutsch Stamora/Stamora-Germană aus dem Bahnhof tratst, wurdest du als Einziger festgehalten. „Ich will zu meinem Bruder, er ist beim Militär und hier auf Arbeitsdienst." Darüber hinaus ist es dir in Turnu-Severin genauso ergangen, du wolltest dich mit Dumitru treffen, er kam aus Drincea, war aber eingepennt und hatte den Anschluss verpasst. Du irrtest auf dem Bahnhof herum. Im Büfett war nichts zu holen, gerade tags zuvor war die Regel eingeführt worden, dass Getränke erst ab zehn ausgeschenkt werden durften. Die Jungs umschwärmten dich lange, bevor sie auf dich zukamen, aber du wusstest Bescheid und wolltest es darauf ankommen lassen. Schließlich ging ein besonders Forscher dich direkt an, „Kommen Sie mit zur Wache". Du erklärtest ihnen, dass du auf einen Freund wartetest, sie durchsuchten dein Gepäck, „Sie haben da ein Paar Turnschuhe, mag ja sein, dass Sie ehrlich sind, aber Sie sind zu lange am selben Ort herumgehangen." Nun, das passiert auch denen, die weitere Reisen unternehmen. Eugen hat dir erzählt, dass die deutschen Grenzer die schussbereiten Waffen auf ihn gerichtet und ihn dann 24 Stunden eingesperrt hatten, ehe sie ihn die Fähre nach Schweden nehmen ließen, sie verdächtigten ihn als Spion oder Terroristen, verdammt verzwickte Lage. Lange hast du auf deinen Bruder gewartet. Zwar war Samstag, er aber war noch auf

dem Feld, einem Brigadier ausgeliefert, der sie zwiebeln wollte, der sich daran aufgeilte, dass er nach Belieben über künftige Studenten verfügen konnte. Gegessen habt ihr aus dem Tornister, im Hof der katholischen Kirche unter den kritischen Blicken des Küsters, der darauf bedacht war, dass keine Abfälle zurückblieben. Ein Picknick, von Trauer gezeichnet, weil der Kurze sich schwertat, mit der Strenge des Militärdienstes zurechtzukommen.
In Pișchia aber hatte sie das Leintuch auf dem Gras ausgebreitet. Du betrachtetest es weiterhin, mit dem Haufen Hühnerknochen und dem zu drei Vierteln geleerten Fläschchen, im Hintergrund lauerte das Moped, während ihr zu schäkern begannt in Vorbereitung auf den großen Moment. Im Zug, mit dem du nach Stamora zurückkehrtest, erzählte dir ein pensionierter orthodoxer Pfarrer, dass der Mangel an Dienern der Kirche im Grenzland groß war, sodass er auch in Partoș aushelfen musste, weil der Amtsinhaber mitsamt seiner Kebse zu den Serben rübergemacht hatte, „tststs", zischte der Alte, „viele gibt's, die unseren Stand zum Gespött machen, und die Behörden lachen sich ins Fäustchen". Du erinnertest dich an das Lied über einen Popen, der gewissermaßen freischärlerisch in den beiden Banaten umherzog und unstatthafte Ehen segnete. So auch du, schließlich hattest du deiner Mutter den Geburtsschein entwendet, nur um diese eine heiraten zu können, die Alte hatte gespürt, dass auf diese kein Verlass war, du aber schertest dich einen Dreck darum und bist auch jetzt noch nicht hinter die Geschichte gekommen, wo sie schon lange in Deutschland ist und dir hinter dem

Rücken des Doktors, ihres neuen Mannes, schreibt, dass sie dich immer noch liebt; sie schlägt dir sogar ein Treffen „auf neutralem Boden" vor, in Budapest, sie würde alles bezahlen, als wüsste sie nicht, dass du keine Chance hast, ein einziges Mal hast du dich für einen Ausflug nach Sofia angemeldet, und die haben dich ohne Erklärung abgewiesen, du warst nicht vertrauenswürdig und damit basta. Deine arme Mutter hatte dir einen Schmuggelsatz Gläser zusammengestellt, der vergammelt jetzt, noch immer verpackt, unter deinem Schreibtisch, die Gläser sind wahrscheinlich ein Scherbenhaufen, so oft hast du gegen die Schachtel getreten in den Nächten, in denen die Schlaflosigkeit dich besonders quälte.

Für Geschäfte auf dem Schwarzmarkt hättest du eh nicht getaugt, es ging nur darum, die Kosten zu decken, indem du von den Bulgaren ein Parfüm, ein Spray und ein paar Zigaretten der Marke „B.T." gebracht hättest. So war es immer noch besser, als dass sie dich mit Spitzendeckchen an der Grenze abgewiesen hätten, wie es der Tante Cătăluța passiert war. Du sagst dir immer, sie würden dich schon hinaus in die weite Welt ziehen lassen, wenn du alt und deiner selbst überdrüssig bist, „lern du erst dein eigenes Land mit den vielen wunderbaren Orten und Landschaften kennen", hat dir der zum Reiseführer berufene Oberst vom Passamt geraten, zu dem du blöderweise in Audienz gegangen bist. Du wirst deinen Enkeln erzählen, wie du vor einem Vierteljahrhundert, nein, vor vier Jahrzehnten Sofia hättest besuchen können, wenn nicht, nun ja, ein unglücklicher Zufall dazwischengekommen wäre. Kaum Schlaf fandest

du in den vier Nächten, die du in Drincea bliebst. Dumitrus Vermieter hatte dir in einer Art Dachstübchen eine Schlafstatt eingeräumt. Das Knacken und Knarren im Gebälk hielt bis zum Morgen an. Auch von irgendwelchen Insekten wurdest du heimgesucht. Ständig plagte dich der Harndrang. Du musstest mit der Taschenlampe eine wacklige Treppe hinuntersteigen und dich mitten in den finsteren Hof stellen. Hinzu kam das Sodbrennen vom Kaffee, vom Rauchen und Saufen. Der Urlaub war im Eimer, von wegen Erholung …
Bei der Alten in Partoș seid ihr allerdings nur einen Tag geblieben. Du krochst in das hohe Bett, die wuchtige Daunendecke hätte dich fast erdrückt. Am Morgen gab es gekochtes Essen, und das erinnerte dich wieder an deinen Bruder beim Militär. Sie hatten ihn verlegt, auf eine Farm bei Lugoj/Lugosch, den Namen hast du nicht mehr im Kopf. Sie pflückten dort Äpfel. Es war November, aber es hatte schon geschneit. Der Hauptmann bot euch sein geheiztes Büro an. Du konntest nicht lange bleiben. Ein Traktor hatte eine Fahrt nach unten, die Gelegenheit konntest du nicht sausen lassen. Der Kurze sah dir nach, die Arme bis zu den Knien, dieselbe Hilflosigkeit im Blick. Immerhin hast du dich noch einmal mit dem Moped nach Partoș aufgemacht, nur hat die Kiste auf halbem Weg gestreikt, du hattest sie am Tag davor zu hart rangenommen, weil du dich bis zur LPG Dumbrăvița durchkämpfen musstest, wo du Kamille pflücken und etwas Geld verdienen wolltest, um mit ihr ans Meer zu fahren, ohne dass deine Mutter etwas wusste, schließlich seid ihr aber gar nicht gefahren, sie hatte schon ein Tech-

telmechtel mit einem ihrer Kollegen von der Projektplanung und suchte Streit, um dann vorzugeben, sie mache einen Abstecher nach Siebenbürgen zu ihrer Tante, der weisen Ratgeberin der Familie, während sie längst auf das Abenteuer in Herkulesbad aus war, du sagtest ihr, du seist dahintergekommen, sie aber schob dich ab wie einen Depp mit einem ihrer Neffen aus dem Internat des Eisenbahnerlyzeums Buziaș/Busiasch, den du ohne jeden Grund mochtest, sodass ihr dort einen furchtbar langweiligen Sonntag zubrachtet, während sie sich auf deine Kosten mit ihrem Ingenieur ins Fäustchen lachte, oder sie hatte sogar im Sinn, dich wieder nach Partoș zu schicken, wo jene fast unbekannte Alte wohnte, damit irgendein Wehrdienstpflichtiger am Kontrollposten dich demütigte und sich dir der Hinweis der Frau ins Gedächtnis einbrannte, die gleich mit arthritischem Finger auf den Sumpf und das Röhricht um die Ecke wies: „Da, dort sind die Serben" ...

Der „Troubadour" und Doftana

Für Petronela

Frau Elena Duran zog kurz nach dem Krieg in das Mietshaus auf der Strada Vasioviei Nummer 44. Ein buntes Völkchen – Alteingesessene (Banater oder Banatisierte, Handwerker, Fuhrleute, Schreiberlinge in verschiedenen Büros im Einzugsbereich des Marktes, Angestellte der Tabak- oder der Kettenfabrik), Zugezogene, die einen relativ neu (Bessarabier und Bukowiner, die vor den Russen geflohen waren), die anderen ganz neu (ein paar Zigeunerfamilien, die mehr oder minder sesshaft geworden waren und die Gepflogenheiten des Ortes gefährdeten).

Eigentlich hieß sie Durand, sie war die Frau eines französischen Luftfahrtingenieurs gewesen, der viele Jahre für das Kriegsministerium Rumäniens gearbeitet hatte. An einem Herbsttag des bewegten Jahres 1940 ging dieser von zu Hause weg und kam nicht wieder. Sie fanden ihn etwa eine Woche danach mit Hilfe der treuen Hündin Artemiza von der Rasse Irish Setter in einer Kalkgrube in der Nähe der Wohnung, mit zerfressenem Gesicht und einer Kugel im Nacken. Sie erkannte ihn sofort, nicht nur an den Kleidern, sondern auch an dem wunderbaren rotblonden Haarschopf. Es stellte sich bald heraus, dass dies das Werk des deutschen Spionagedienstes war, dessen Leute in Bukarest ihr Unwesen trieben. Als Witwe zog Frau Elena in die Innenstadt in das komfortable Appartement ihrer Schwester Maria, die mit einem hohen Beamten im Außenministerium verheiratet war. Der Frieden brachte den beiden Töchtern des ehrwürdigen Hristodulu, eines der reichsten Kaufleute von Galați, allerdings keinerlei Ruhe. Der hochbeamtete Schwiegersohn verlor sein Haus an der Chaussee Kiseleff und zog in eine Bruchbude in Ghencea.

Als sie aus der Hauptstadt wegzog, verzichtete Frau Elena vorsichtshalber auch auf den Mitlaut d am Ende des Namens: Duran klang sicherer. In Temeswar nahm sie eine Stelle als Kassiererin bei der Verwaltung des Marktes an. Eine Zeitlang gab sie Privatunterricht in Französisch, bis der Feldwebel Vîrciu und der Bevollmächtigte Suveică sie ermahnten, sie solle das mit den Sprachen der Imperialisten bleiben lassen. Angela mochte die Madame Elena sehr, denn die brachte ihr auch Manieren bei, dem kleinen Meerkätzchen!

Der Markt ist ein Raum der Großzügigkeit, nicht nur der Bescheidenheit oder gar des Elends, wie manche glauben; hier lernte Frau Duran das Fräulein Horațiana kennen, eine Nachfahrin der Cicio-Popen, die ihre Familie damit durchbrachte, dass sie den Bauern, die ihre Erzeugnisse in der Stadt verkaufen wollten, ihre ererbte kostbare Hochgenauigkeitswaage vermietete. Zwischen den beiden entspann sich eine enge Freundschaft, sie gingen gemeinsam ins ILSA-Bad schwimmen oder in die Oper, nicht in die mit den kommunistischen Häftlingen von Doftana, nicht doch!, sondern in jene Aufführungen, die an gute alte Zeiten erinnerten, *Carmen*, *Der Troubadour* ... Mit dem Verdacht auf Leukämie wurde Angela, ein Kind noch, von ihren Eltern zu Untersuchungen in die Hauptstadt gebracht. Sie nahmen den Flieger, dem außerordentlich geschwächten Mädchen aber blieben nur wirre Eindrücke von einer Reise, die unter anderen Umständen denkwürdig gewesen wäre. Dafür hat sie den Herrn Hariton in schöner Erinnerung, in dessen Haus sie unterkamen. Verbarrikadiert in seiner Hütte, spielte dieser Herr Mozart auf der Flöte. Er gab Angela Sprachführer zum Erlernen des Englischen, versehen mit Randbemerkungen in seiner steilen Schrift. Jahrelang korrespondierten sie auf Französisch. Das Mädchen erzählte ihm von den Amouren des Kellners Kukovetz, gewürzt mit Ehestreitigkeiten, vom Schuppen des Wächters am Wasserturm, vom Tod des Lastenträgers Crăciun Zaharia, der ihn in einem Transportkarren ereilt hatte. Der Herr Hariton zog mit Bedacht andere Register, erzählte Zwischenkriegsfilme und feinsinnige Romane nach, kam auf das Gutshaus von Urlați zu sprechen, das von Ölquellen umgeben war, aber auch auf Gärten mit Pavillons und Teichen sowie von Düften durchwehte Weinberge. Ohne dass er sich dessen bewusst geworden wäre (Angela umso weniger), schwebte über allem etwas von der Melancholie in Ibrăileanus Beschwörung eines Jugendsommers (1886), den er auf einem Gut der Goilavas zugebracht hatte, allerdings nicht in der Nähe von

Dealul Mare, sondern in Heleșteni in den Flussauen des Sereth: „Heute will mir scheinen, als erinnerte ich mich an Dinge aus einer anderen Welt. Ich habe nie wieder ein so reiches, sorgenfreies, schönes und erfülltes Leben gesehen."
Im Alter kehrte Frau Elena Duran nach Galați zurück, „um die Gruft der Hristodulus nutzen zu können". Sie holte den französischen Ingenieur vom Friedhof Bellu und nahm ihn mit, er hatte dasselbe unverwechselbare rotblonde Haar, schrieb sie an Angela, nur viel länger.

Die Pauers und die Beamters verkloppen die Meisters

1. Es wurde noch eine Runde aufgetischt. Das Mädchen bat den Vater, er möge sie wie gewöhnlich den Schaum überm Bier schlabbern lassen. Dabei geriet sie an den bitteren Gerstensaft. Sie verzog das Gesicht, schluckte aber trotzdem. Sie war aufgeregt. An ihrem Tisch saß Răcăjdeanu, der Rechtsaußen der Heimmannschaft (dritter Platz in der Regionalliga) in Person, ein untersetzter, O-beiniger Kerl, der aber auf dem Platz sehr stark war. Die Acht auf seinem Trikot war zu ihrer Lieblingszahl geworden. Sie errötete und versuchte verschämt, sich hinter dem schweren Leib des Vaters zu verstecken. Răcăjdeanu schlug das Bier aus, das sie ihm anboten, „nach dem Spiel sehen wir weiter, liebe Genossen, ob euer Angebot noch steht". Um mit ihr anzugeben und sie zu beruhigen, forderte ihr Vater, der angesehene Buchhalter des Getränkeherstellers „Vinalcool", sie auf, die Mannschaftsaufstellung von Avîntul Reghin herzusagen. Das Mädchen war wirklich ein Wunderkind. Sie stotterte

beim Lesen, konnte aber locker die Mannschaften der zwölf Erstligisten aufsagen: C.C.A, Dinamo, Știința Timișoara, Flamura Roșie Arad, Asociația Sportivă Armata Cîmpulung-Moldovenesc, Locomotiva București, Progresul Oradea ... Jetzt aber war sie viel zu befangen und verhaspelte sich gleich am Anfang. Enttäuscht schickte der Vater sie zur Kegelbahn. Eine Zeitlang starrte das Mädchen abwesend den riesigen rollenden Kugeln hinterher und versuchte, das mathematische Grollen der Bahn und der Rücklaufrinne, das Knallen der auseinanderstiebenden Kegel für den Augenblick vor dem Einschlafen in sich aufzunehmen.

2. Das Spiel wurde von Recolta beherrscht, etwas aber war anders als gewöhnlich. Răcăjdeanu, der von den vierschrötigen Verteidigern von Strungul in die Zange genommen wurde, war kaum zu sehen. Die gingen aber auch hart ran, ohne Rücksicht auf Verluste.
Am Spielfeldrand geriet der friedliche Buchhalter von „Vinalcool" immer mehr außer sich. Dies hier war sein Lebensmittelpunkt, sonst interessierte er sich für nichts, höchstens mal ein Bierchen und ein Schwätzchen, ansonsten: Berechnungen über Berechnungen. Die freudige Erwartung des Sonntags mit allen zugehörigen Vorahnungen, Aufregungen und Vorkehrungen hatte sich auch auf das Mädchen übertragen, das lustlos die Strapazen der Schulwoche über sich ergehen ließ, aber am Samstag zu Mittag mit einem Mal auflebte. Und nun gab es in dieser Sache mit Strungul keine Klarheit, das verursachte

ihr eine Art Krämpfe, eine unbestimmte Übelkeit, schon spürte sie den Terror des morgigen Tages, wenn die Naturkundelehrerin lange im Klassenbuch vor und zurück blättern würde.

3. Ein fürwahr unglücklicher Tag. Der leistungsstarke Achter wurde gnadenlos ausgebremst, der Schiedsrichter schien vom Ruf der Gäste eingeschüchtert zu sein, die Fanchöre von Strungul, wohlgruppiert auf ein paar Fässern, überschrien jene der Gastgeber. Der Buchhalter wollte sich mit den Anweisungen von oben nicht abfinden, er konnte diese Schande nicht ertragen. „Unsere Brüder aus der Fabrik müssen aufsteigen", hatte ihm in der Pause der Chef der Bezirksverwaltung zugeraunt. „Wieso das denn, haben sie nicht genug Erstligisten? Verdient nicht auch unser Städtchen mal einen Erfolg?" „Lassen wir die Kommentare, Genosse, wir sind zu klein."
Beim letzten gestreckten Bein des Schlussmanns von Strungul konnte der Buchhalter nicht länger an sich halten: „Du Schlächter! Du Vieh! Du Verbrecher!" Die schrille Stimme des Mädchens stimmte mit ein: „Verbrech…" Sie verschluckte die letzte Silbe. Ein Knirps mit böser Miene, die Baskenmütze tief in die Stirn gezogen, hatte ihr seine knotigen Finger in den Mund gesteckt. „Legst du dich mit meinem Bruder an, du Zicke, wieso beschimpfst du meinen Bruder? Weißt du, wer ich bin?" Und er trat sie gegen das Schienbein. „Wir sind in den Klassenkampf eingetreten, da kannst du dich nicht mehr

drücken. Heute machen wir dich fertig, am Ruhetag für die Werktätigen und Gebetstag für Bourgeois wie dich." Der Buchhalter, umringt von grinsenden Gesichtern, suchte sie zu beschützen. Das Mädchen wimmerte so durchdringend, dass er nicht schnell überlegen konnte. Wohin zum Teufel hatten sich die andern verkrümelt, mit denen er Abend für Abend die Bierhumpen in Hummels Kneipe stemmte? Er witterte in der Nähe die ranzige Ausdünstung des Ortspolizisten: „Genosse Buchhalter, hau ihm kurz eine runter, dann hol ich ihn mir sofort, den gottverdammten Schrauberling!" Gleichsam der unverhofften Aufforderung zum Trotz hörte der Beamte sich sagen: „Liebe Genossen und Gäste aus der Bezirkshauptstadt! Sehr geehrte Werktätige aus den Fabriken, in aller Öffentlichkeit bitte ich den Herrn da und Sie alle dafür um Entschuldigung, dass ich den braven Fußballer beleidigt habe, der offenbar sein Bruder ist. Ich wünsche Ihnen Erfolg im Aufstiegskampf!" Das Mädchen bebte, der Vater spürte, wie ihre Hand in seiner Faust zitterte. „Ich geb nicht auf, bis ich den Reaktionär umgebracht hab", brüllte der Kleine weiter, während die Seinen taten, als wollten sie ihn zurückhalten; so gelang es ihm, dem Beamten den Kopf ins Gesicht zu rammen, als dieser sich unglücklich bückte; den blitzschnell folgenden linken Leberhaken nahm nur noch das Mädchen wahr, weil das seine Augenhöhe war.

„Hochachtungsvoll bitte ich die Vertreter um Entschuldigung …", murmelte der Buchhalter weiter, als er wieder zu sich kam. „Auch ich habe einen Bruder, der ist Lokomotivführer …" Aber eine weitere Faust in den

Bauch unterbrach seine Rede, nicht jedoch seinen Gedankengang, „ja, aber ich habe auch noch einen Bruder, der ist Zwangsarbeiter am Kanal, also …"

4. Der Buchhalter liegt am Zaun. Die Kleine schluchzt neben ihm. Die Schlägerei hat sich auf das Spielfeld ausgedehnt, wo sich Gruppen gebildet haben, Spieler und Zuschauer beteiligen sich gemeinsam, die Gäste setzen Flaschen ein, die Gastgeber bedienen sich der Zaunlatten und Rasenstücke. Endlich ist der Lokalstolz richtig entflammt, von den Hügeln im Umland sind etliche urige Schafhirten hinzugekommen, die ihre Knüppel nach althergebrachter Sitte schwingen. Ihre Hütehunde wissen sehr wohl, wen sie zu zerfleischen haben.
Ioani, der Gemeindetrottel, rast auf seinem Veloziped durch die Gassen und brüllt, was das Zeug hält: „Auf, ihr Leut'! Die Pauers und die Beamters verkloppen die Meisters aus der Stadt!"

Eine Tabes und eine Tabakdose als Erbschaft

Die Leute auf der Calea Moșilor waren mit Tante Elisabeta nicht zu vergleichen. Die Mieluța beispielsweise fragte ihn, ob er nicht eine ihrer Nichten kenne, die „bei einem Ministerium in Klausenburg arbeitet". Sie staunten, dass er griechisch-orthodox war, dass er so gut Rumänisch sprach. Dummchen aus der Vorstadt, aber sonnigen Gemüts.
Für den anstehenden Besuch in dem Haus auf der Strada Hagi Bolborea hatte er ein besonderes Programm zu absolvieren: Er studierte den Stammbaus der Gosavus, Davidescus und Parhonțus; er frischte seine guten Manieren mit Hilfe eines 1908 aus dem Französischen übersetzten Büchleins auf; er ließ seinen einzigen halbwegs anständigen Anzug in der „Luxusschneiderei Zum Mitică" richten; er unterzog sich auf dem englischen Soldatenfriedhof demosthenischen Exerzitien, damit seine leicht erregbare und kratzige Stimme ihm keine allzu bösen Streiche spielte. Immerhin, er stand vor einer Art Prüfung. Selbst Beatrice goss unter dem Vorwand, sie wolle ihn beruhigen, Öl ins Feuer.

Schließlich war der Tag gekommen. Die Türmchen des baufälligen Hauses, selbstgefällig als „Herrensitz Parhonțu" tituliert, sah man schon aus der vorvorletzten Gasse bedrohlich ragen. Sie hatten sich verspätet. Der ganze Clan hatte sich in dem geräumigen Esszimmer versammelt. Elisabeta empfing sie in einem jugendlich wehenden grünen Kleid, sparsam mit schwarzer Spitze besetzt. Die Trauer um die arme Hélène musste mit diskreten Stimmungselementen aufrechterhalten werden. Sobald sie seiner ansichtig wurde, ermahnte sie Beatrice, sie habe sich einen im Verhältnis zu ihrer Nase allzu schönen Mann genommen. „Nur schade, dass er klein ist und aus einer unbedeutenden Familie kommt", setzte sie nach. In dem feinmaschig sich entspinnenden Stimmengewirr hielt Tante Elisabeta sie in natürlichster Tonlage weiterhin unter Beschuss, wobei sie seine Anwesenheit gar nicht zu bemerken schien. Die Anderen unterdrückten stilvoll ihre Schadenfreude, zumal ihnen die Kopfnüsse erspart blieben und sie sich unbeschadet an dem subtilen Feuerwerk des Spektakels ergötzen durften. Zum Schluss hielt sie einen Vortrag über die Tabes unter besonderer Berücksichtigung von Camil, dem Großvater von Beatrice. Die Nachkommen der ersten Generation werden von der Schwindsucht ereilt, die der zweiten Generation sind von vornherein körperlich geschädigt. Was die Person in der Hauptlinie betrifft, wird diese zunehmend über Gelenk- und Leibschmerzen klagen, sie wird durchdrehen („Erinnert euch an das dadaistischen Gebrabbel von Camilache, an seine grundlosen Wutausbrüche"). Grabesstille senkte sich herab. Beatrice stürzte hinaus, er wie ein Schoßhund hinterher. Sie hatten nichts von dieser genetischen Mitgift gewusst.

Sie entfernten sich, gebrannte Kinder in schön hergerichteten Kleidern unter all den alten, jedoch würdigen und immer noch wachen Blicken. Jemand merkte an, so laut, dass auch sie es mitbekamen, dass ihnen in aller Großmut ein Trostpreis zugestanden wurde: „Wie jung sie sind, wie jung!" Die siebenbürgische Seite, sagte er sich. Beatrice wehklagte bis nach Hause und schwor, sie werde keinen Fuß mehr in dieses vergiftete Nest setzen. Am Tag darauf aber bekamen sie einen Anruf. Sie lud sie noch einmal ein, diesmal zu einem vertraulichen Treffen. Also gingen sie wieder den verfluchten Weg.

Hélène war also tot. Geblieben waren Adelina, Elvira (die erblindet war) und sie. Sie hätte deren Tochter oder Nichte sein können. Weil sie keine angemessenen Partien hatten machen können, obwohl sie außergewöhnliche *beautés* gewesen waren, hatten sie nicht geheiratet und waren zweifelsohne Jungfrauen. Nur Elisabeta hatte die Genüsse des Liebeslebens kennengelernt, ohne jedoch eheliche Beziehungen anzustreben, schließlich hatte sie sich opfern müssen, um bei den anderen Schwestern die Hoffnung aufrechtzuerhalten, dass die Zeiten sich ändern und sie „in der Normalität" leben würden. Sie war die Einzige, die es in ihrer Ausbildung weit gebracht hatte, bis zum sechsten Semester Jura, die Einzige, die „beim Staat gearbeitet" hatte. Das verlieh ihr neben der angeborenen eine zusätzliche Autorität, Elena zu Lebzeiten, Adelina und Elvira gehorchten ihr ohnmächtig und ohne zu murren.

Sie trug ein weinrotes Kleid, das schwere, andererseits jedoch anmutige Falten warf. Tante Elisabeta wollte nicht altern. Sie hielt sich zurück. Lediglich ein paar Pfeile sandte sie in ihre Richtung. Sie wurden mit einer diamantenbesetzten Brosche (sie) und einer goldenen Tabakdose (er) bedacht! Sie plauderte von den Ölfeldern auf dem Gut der „Barone" Gosav, auf die auch sie ein Anrecht hätten, „wenn diese kippen", von der Verwandtschaft mit Sfetea und Coșbuc („auch wir haben siebenbürgisches Blut, mein Herr"), über die Familienzweige in Piräus und Genua, über Ikonen aus Șchei und Malorosia. Was die Syphilis des armen Camilache betraf, oh, niiicht doooch, sie hatte nur so dahergeredet, das war nur eine Annahme, eine dunkle Vermutung, ausgehend von dem Rezept, das man in seinem Kartentäschchen gefunden hatte, und von der Sache mit der Nonne, die aus dem Kloster Suzana geflohen war.

Das ging ja noch, sie konnte also auch anders sein.

Er hatte sie viele Jahre nicht mehr gesehen. In der Zwischenzeit hatte er sich von Beatrice getrennt. Adelina und Elvira waren gestorben. Dennoch wurde ihm die furchtbare Geschichte zuteil. (Während einer Dienstreise besuchte er sie.) Sie selbst (zur Greisin mit farblosen Kleidern geworden) erzählte sie ihm, in genauen, metallisch klirrenden Worten. Ein milchbärtiger Psychopath hatte sie vergewaltigt und ihr den letzten Schmuck geraubt. Sie hatte Anzeige bei der Miliz erstattet, die nahmen sie nicht ernst („Wohl bekomm's", warf ein Oberer ihr an den Kopf). Der verrückte junge Mann kam wieder. Er bedrohte sie mit einem Messer, durchwühlte die Schubladen und alles andere. Die Milizleute hielten aber sie für die Verrückte. Schließlich beschlossen sie, zwei Wachposten in ihrer Wohnung abzustellen. In der letzten Nacht, die für die Wache vorgesehen war, stellten sie ihn. Es gab einen Riesenzirkus im ganzen Viertel.

Als er ging, sagte diese sehr alte Frau, die entfernt an die blühende Tante Elisabeta erinnerte, noch: „Ich bekomme Drohbriefe von ihm. Ich hoffe, ich sterbe, bevor sie ihn entlassen."

Der Duft des Knoblauchs

Wahrscheinlich hat man ihm das von klein auf gesagt: Die Bauern in der Tiefebene, die haben den Teufel im Nacken, richtige Rumänen – stolz, gastlich, integer – gibt es nur noch in den Bergdörfern; jedenfalls hat er bis auf den heutigen Tag an dieser Meinung festgehalten, wenngleich er bei seinen kurzen Besuchen Abweichungen hat feststellen können, die er als Veränderungen zu begreifen versucht hat, die auf das unglückliche Gemisch von Zivilisation und Sozialismus zurückgingen. Kleine Einblicke, dass die Vision allzu simpel sein könnte, hat er immer schon gehabt, aber verdrängt, weil der Mensch, selbst wenn er dabei ein bisschen schummelt, irgendwo sauber bleiben muss. Es war auch nicht schwer, Einwände zu formulieren. Was ist das beispielsweise für ein Bergdorf, das auf 150 Metern Meereshöhe – wenngleich in einem Tal – liegt? Wobei die umliegenden „Gipfel" gerade mal auf 400 Meter kommen. Oder jenes Vorurteil von der reinen Luft, die kräftigend wirkt, das sogar die Einheimischen sich zu eigen gemacht haben („Ist schon gut, dass ihr zu uns gekommen seid, hier kann man die Luft trinken"); der Doktor zeigte ihm einmal eine Statistik mit besonders vielen Schwindsüchtigen („Sie passen nicht auf sich auf, hol sie der und jener, sie leben wie die Tiere"). Nicht zu reden von der sogenannten Gutherzigkeit (Prügelschlachten zwischen den Ortschaften, das stets locker sitzende Messer, das Geheimnis um die hinten im Garten vergrabenen Pistolen, gegen die Bösen!).

*

Von dem ganzen Clan gibt es dort nur noch drei: die Kleingroßmutter, den Jung und den Dede. Er wird sie bald wiedersehen.
Die Kleingroßmutter: 88 Jahre alt. Miss Orawitza des Jahres 1921, sechs Gymnasialklassen, pathetisch Verse von Eminescu, Coşbuc und Goga deklamierend; in der letzten Jahrhunderthälfte zurückgekehrt „aufs Dorf"; Nostalgien – Opernflirts, Champagner-Partys, Promenaden, Bäder, Severin, die Hauptstadt des Banats, die Landeshauptstadt. Mit ausgebeulten, abgewetzten Turnschuhen kommt sie manchmal abends von der Pflaumenlese, nachdem sie beim Vieh ausgemistet hat, trinkt ein Gläschen Schnaps und deklamiert auf der Leiter zum Dachboden oder im Keller, wobei sie deren Hallwirkung zu nutzen weiß, „Mortua est". Sie ist gerührt, wischt sich die Träne, eine einzige, aus dem Auge und beginnt, gleich darauf, gottslästerlich zu fluchen. Auf den Hund oder die Katze, die zwischen ihren Beinen wuseln, den Jung, den qualmenden Gasherd, das Schicksal.
Der Jung: 58 Jahre alt, einst Liebling der Familie, einst

Ringer griechisch-römischen Stils, einst ein schönes Kind, hat fünf oder sechs Schulen durch, ohne Abschluss, sowie 20 Arbeitsplätze. Der Alkohol, die halbseitige Lähmung, die Wahnsinnsattacken – Leiden, die er zu Waffen macht, mit denen er sich verteidigt und zum Gegenangriff übergeht: Wenn du ihn aus der Fassung bringst, besäuft er sich und spaltet dir den Schädel, oder du hast ihn auf dem Gewissen, falls es zu einem weiteren Anfall kommt. Gern verfasst er Beschwerden und Reklamationen, die er an die Behörden schickt und stets zum Anlass nimmt, sein gequältes, von Unrecht geprägtes Leben endlos wieder und wieder zu erzählen: Mal droht er grob, mal versucht er, ohne Geschick, sich bei den Stellen, die er anschreibt, einzuschmeicheln: Alle macht er sie zur Sau, es gibt Momente, in denen er sich vorstellt, er könnte in diesem unglaublichen Durcheinander, das die Welt ausmacht, die Linien einer Verschwörung lesen. Der Dede: 22 Jahre alt, nachgerade faulknersche Biographie; Eleve der Milizschule, Kanu-Jugendmeister, Bergmann, Feldhüter, Springer beim Straßenbau, Schneidergehilfe, Bibliothekar, Schlepper beim illegalen Grenzübertritt, Tagelöhner in Jugoslawien, Ungarn, Österreich und Deutschland.

*

Die drei hat er nur eine Minute lang zusammen gesehen. Wie gern hätte er noch einmal die Begeisterung früherer Begegnungen erlebt. Die Kleingroßmutter vergoss die obligate Träne, dann fragte sie ihn, ob er Öl und Zucker mitgebracht hatte. Der Jung warf ihm mit wohlfeiler Ironie den Verdacht an den Kopf, er sei wie all die etepetete Städter gekommen, um Ansprüche auf Grund und Häuser anzumelden, wo er doch jahrelang in seinem Lebenslauf keinerlei Vermögen angegeben habe. Der Dede, gerade aus einem deutschen Lager zurück, wahrte die gewöhnliche Tonart – in der sich Gleichgültigkeit und grundlose Verlegenheit mischten – und ging ihm nach Möglichkeit aus dem Weg.

*

„Was hat er dir denn gesagt, womit hat er dich zugeschwalmt? Bisher war es, wie es halt war, aber seit einiger Zeit ist er vollkommen neben der Kappe. Er besäuft sich, führt sich unmöglich auf im Dorf, kriegt schon mal eine aufs Maul, jammert vergeblich herum, denn er ist ja ein Nichtsnutz und ein Tunichtgut, und die kriegen kein Mitleid, wie du weißt. Zu Hause geht der Zirkus weiter, er sagt, wir verstehen ihn nicht, fordert Respekt und Gehorsam, macht sich anheischig, Väterchens Rolle einzunehmen, die Pläne durchzusetzen, uns zu organisieren. Väterchen hatte, da kannst du nichts sagen, einen klaren Verstand und eine Autorität, der man gerne folgte. Er aber spinnt, ohne Frage. Seit einiger Zeit trinkt er nicht mehr, verhält sich aber weiter wie im Suff. Er beginnt Sachen zu zerdeppern, der Dede haut ihm eine runter, aber nicht, um ihn zu beruhigen, sondern um ihn endgültig lahmzulegen, und mir graust, wenn ich sehe, dass der grinst, wenn er zuschlägt, ich habe noch nie etwas gesehen, was mich dermaßen verstört hätte, das ist doch Sadismus oder sonst was, wenn man seinen eigenen Vater so rannimmt. Ich gehe dazwischen, das führt allerdings lediglich dazu, dass sie ihren Hass gegen mich vereinen und mich beschuldigen, ich wär der Grund für ihr Unglück. Der Jung – ich hätte ja immer die Städter bevorzugt und ihn vernachlässigt und für blöd gehalten, der Dede – ich hätte seine Mutter ins Grab gebracht, indem ich sie mit Arbeit überlastet hätte, ich würde den Jung bevorzuge, der nur ein egoistischer Hallodri wär. Weinend gehe ich in die Küche oder in den Garten oder in den Stall und höre, wie sie sich eine Weile zähneknirschend verfluchen, jeden Tag aufs Neue. (Kleingroßmutter)

*

Sollte aber das Kind von damals in seinem Hang zur Idealisierung wirklich keine augenfällige Dürftigkeit bemerkt haben – die heute durch das Alter und das Elend noch verschärft worden ist? Weiten wir den Blick. Das Jahr 1953. Noch gab es Erfreuliches von den Erfolgen des sozialistischen Lagers zu berichten, als Radio Bukarest live die Spiele übertrug, in denen Ungarn zweimal (mit 6:3 und 7:1) im Namen der neuen Ordnung England als Vertreterin des faulen Kapitalismus besiegte und der Kommentar des Sprechers (ob der nicht immer noch die Stellung hält?) triumphal auf den Kampf zwischen den beiden Systemen hinwies. Ein Jahr später allerdings jubilierte er beim Finale der Weltmeisterschaft umgekehrt über den Sieg Westdeutschlands gegen dieselben Ungarn. War das schon ein Zeichen für die Zwiespältigkeit, die er bei den Erwachsenen festgestellt hatte? Allerdings, hatte er doch auch festgestellt, dass die Amerikaner uns das Liedchen von den Schellen am Pferdeschlitten (Sanie cu zurgălăi) geklaut und mit ihrem blöden Jazz unterlegt hatten, was ihm als banale Manipulation erschien.

*

He, du Städter, du kommst daher und willst nur mit der Intellektuellen, der Kleingroßmutter schwatzen. Wir sind dir nicht gut genug ... Stört dich etwa der Duft des Knoblauchs? Achtung, die Kuh ist hinter dir her! Ich glaub', die mag deinen Anzug. Häng ihn ihr über die Hörner. Hehe, wir hier sind etwas hart. Euer Getue da, am Theaaater, auf der Fakultääät. Du musst wissen, auch die Frau Kleingroßmutter ist nicht mehr das, was sie einmal war. Sie hat stark abgebaut, sie ist oft weggetreten, manchmal erscheint ihr Väterchen. Vorgestern ... Pass bloß auf, die Kuh, die hat dich gern, keine Angst, Städterchen, hehe, pass bloß auf deine Turnschuh auf ... Vor einer Woche hat sie die Moronen zum Abendessen eingeladen, „Was denn für Moronen, Kleingroßmutter?" „Die dort um den Holzklotz versammelt sind, unter der Glühbirne im Hinterhof." Man kann ihr nichts erklären, sie braust auf, ein giftiges Maul hat sie. Sie sagt, wir sind schuld, dass sie so schlimm dran ist. Umsonst reden wir auf sie ein: Die Papiere, Kleingroßmutter, die Papiere! Die müssen wir in Ordnung bringen, sonst kommen diese Geier aus der Stadt und nehmen uns alles. Umsonst sag ich ihr, ich bring mich um, wenn die Papiere nicht in Ordnung sind. Die Kuh da, Herrgott, die nimmt dir glatt den Diplomatenkoffer auf die Hörner. Wenn ich ihr mit Papieren komm, sagt sie, sie hat Kopfschmerzen, nach ihr die Sintflut, sie geht nicht mehr zum Gericht. Dass dir der Hahn bloß nicht die Kent-Fluppe klaut ... (der Jung)

*

Es schien, als wäre er rechtzeitig aus dem Rennen geschieden. Sie hatten ihn, damit er seinen Keuchhusten auskurierte, zur Kleingroßmutter expediert (von wegen frischer Landluft!). Sie schickten ihn auf die Dorfschule – da wollte er nicht mehr hin, nachdem eine übereifrige Lehrerin ihnen als Hausaufgabe aufgetragen hatte, das lange Gedicht über den Donau-Schwarzmeer-Kanal in der Variante Dej auswendig zu lernen. Für andere politische Optionen war es noch zu früh – es war ein Bauchgefühl, ein Druck, ein Ekel. Sollte er damals auch die drei getroffen haben, die von der Zwangsarbeit an dem grausamen Kanal freigekommen waren und als einzige mit einem selbständigen Gewerbe Holz aus dem Wald zum Bahnhof karrten? Sie hatten einen Chrysler von vor dem Krieg (die andern arbeiteten nur mit russischen LKWs); unterwegs (er fuhr einige Male mit) summten sie Lagerlieder, unsäglich schön und unerträglich traurig; sie waren stolz, dass man sie wieder holen würde, und machten kein Geheimnis draus.

*

„Ich, Alter, ich krieg die Krise und ich möcht ihr Blut saufen und selbst ins Kittchen gehen. Ich kloppe Steine, schleppe Salz, nur damit ich sie nicht mehr sehen muss. Boje moi, die sollen mich in Ruhe lassen, bei denen diene ich nicht, da können sie noch so gekrochen kommen, was war, war genug. Alter, Boje moi, lass das bleiben mit der Losung und lass mich in Ruh'. Seid froh, dass ich nicht alles anzünd. Denn ich bin wann immer gleich über die Grenze. Was macht noch die Tante, Alter? Wieso holt sie der liebe Gott denn nicht, wenn es Gott schon mal gibt? Die sind so widerlich, das kannst du dir gar nicht vorstellen. Die gehören in jene Schandnische in der Kirche, niemand sonst ..." (Dede)

Nachdem sie sich den ganzen Tag lang bekriegt haben, gehen sie bei Anbruch der Nacht auseinander. Die Kleingroßmutter schläft im alten Haus, der Jung birgt seine Schlaflosigkeit in seinem Kämmerlein. Der Dede kommt irgendwo unter, bei einem Liebchen, bei den Saufbrüdern.

Drum wird ihn am frühen Morgen, wenn er zum Zug geht, auf der fast menschenleeren Gasse nur die Kleingroßmutter begleiten. Sie wird ihm eine Tüte zustecken: Sie hat eine junge Gans geschlachtet, eine lahme, die magerste von allen.

Die Sache

Absonderliche Strumpfbänder spannen sich über seine krampfadrigen Waden. „Eins kann ich dir sagen, mich hat in meinem ganzen Leben noch nie etwas gereizt." Er löst endlich die Verschlüsse. „Nein, das ist gelogen! Mich hat mal das eine, mal das andere begeistert, aber es hat nicht gehalten." Er führt die Dinger an die Nase, atmet tief ein, und in seinem Gesicht zeichnet sich eine Mischung aus Ekel und Zufriedenheit ab. „In meinen Knabenjahren etwa habe ich mit anderen meinesgleichen im Sammeln von Briefmarken wetteifert. Ein größeres Wunder gab's für mich nicht. Ich träumte auch nachts im Schlaf davon. Ich kämpfte, meine Sätze zu ergänzen. Besonders lieb waren mir die Briefmarken aus San Marino und Madagaskar. Und da kam plötzlich, aus heiterem Himmel, die Langeweile über mich. Eine Langeweile zum Fürchten, sag ich dir. Die ganzen Papierstückchen kamen mir sinnlos vor, und es war nur blöd, ihnen mit hängender Zunge hinterherzurennen. Die langwilten mich dermaßen, das kannst du dir nicht vorstellen." Er breitet die Lappen über eine Stuhllehne. Zwar ist er mit den Gedanken anderswo, aber er legt viel Sorgfalt in dieses Verfahren. „Und da hab ich mich sowas von aufgeregt, dass ich auf den Dachboden gestiegen bin und die Briefmarken durch die Dachluke hab fliegen lassen, und wie der Herbstwind so wehte, wirbelte er sie ganz schön durcheinander, sodass ich spürte, wie meine Langeweile vergeht und ich Spaß daran habe… Und da hab ich mir vorgenommen, jeden Tag zur Dachluke hinaufzusteigen und Spaß zu haben, natürlich an jedem windigen Tag, aber ich muss sagen, ich hab's nicht nochmal gemacht, es hat mich nicht mehr hingezogen." Inzwischen hat er die an unzähligen Stellen zerrissenen Hosen ausgezogen, jetzt beschnuppert er auch diese und hängt sie über einen anderen Stuhl. „Als ich dann größer wurde, war mir nach allerhand Sport. Ich wollte auch rundherum Muskeln haben und flink sein. Jede Sportart war mir höchstens eine Woche lang obenauf, dann beschaffte ich mir, koste es was es wolle, die Ausstattung, paukte die Spielregeln, tat alles, was zu tun war. Das hielt, wie gesagt, eine Woche an, dann packte mich ein unerhörter Ekel … und ich begann ein neues Spiel … und immer so weiter …" Er baut sich in all seiner Ohnmacht in der Mitte des Zimmers auf. Mit dem kleinen Finger der linken Hand bohrt er sich unerhört heftig im Ohr. Halt, das reicht. In der Tat, er zieht ihn heraus und betrachtet eingehend den Fingernagel. Wieder kommt es zur Geruchsprobe. Fast als nähme er eine Prise. Schließlich fährt er mit dem Finger über die fallschirmartigen Unterhosen. „Und mit den Weibern – ebenso. Da war schon mal die eine oder andere, bei der ich dahingeschmolzen bin. Sobald die

Sache aber gut lief, gab es schon wieder Ärger. Mal hatte das Engelchen ein dickes Fell, mal kehrte der Schatz der Schätzchen einen bösartigen Charakter hervor, mal ging mir die Fee auf die Nerven, ohne dass ich erklären könnte, weshalb." Er kratzt sich am Hintern, und in dem klaffenden Maul lässt er die kaputten Zähne sehen, die er vor Anstrengung oder Lust zusammengebissen hat. „Mit den Berufen ist es mir, wie du dir denken kannst, auch nicht besser gegangen. Ich wollte zu den Fallschirmspringern. Mein Vater, Gott verzeih ihm die Sünden, und da hat er allerhand zu verzeihen, der hat mich geprügelt, bis ich fast den Verstand verloren hab, der hat mich durch den ganzen Hof geschleift, denn ich mach die Sippe zuschanden, nur die Verrückten gehen dahin, das ist keine Betätigung für ein Leben und eine Familie. Ich dagegen – nein und nochmals nein, ich häng mich auf, das ist mein Leben, aus dem Flieger springen und die Welt von dort oben sehen, in Konkurrenz mit dem lieben Gott. Leg dich nicht mit dem Verrückten an, ich bin dann an die Schule gekommen und wusste nach zwei Wochen nicht, wie ich loskommen sollte; dann schreib du mal dem Vater, dass du dich wieder umbringst, wenn er dich nicht da rausholt, ich stand kurz vor dem Gefängnis; der Alte hat viel Geld bezahlt, um mich da rauszuholen. Dann hat er mich genommen und mich in die Lehre gegeben bei einem Klempner, der sich noch als Selbständiger hielt ..."
Er befühlt den Riesenfurunkel an seiner Stirn, tastet ihn ab und drückt den Eiter heraus.
„Und doch, du sollst wissen, mein Junge, das Leben ist

schön wie sonst was, du musst nur diese Sache rauskriegen, die, wie soll ich sagen ..."

Uica Ghiţă (1)

Der Onkel Ghiţă war ein Leben lang ein Pedant. Von klein auf war er ein Musterschüler, aber die Seinen ließen sich nicht überzeugen, ihn weiter lernen zu lassen. Aufgrund seiner ausnehmend schönen Handschrift wurde er eine Art Schreiber beim Rathaus des Dorfes. Dort wurde ein Herr aus Orschowa auf ihn aufmerksam, der die Eltern überzeugte, ihn in die Stadt ziehen und Privatunterricht nehmen zu lassen. Als der Schirmherr seinen Schützling sah, der mit seinen Kniehosen aus zerknittertem Leinen und den viel zu großen, schlurfenden Bokanken wie ein Greis aussah, schüttelte er missbilligend das Haupt und veranlasste sofort, dass der Junge mit Aussicht auf eine neue Anstellung ein Darlehen bekam, damit er sein Erscheinungsbild verändern konnte. In kürzester Zeit wurde Onkel Ghiţă zum Beamten schlechthin. Zu einem Menschen, wie er jedwelcher vergänglichen Obrigkeit von Nutzen ist. Nach dem Lyzeum absolvierte er eine Verwaltungshochschule (er nannte das Fakultät), wo unter anderen Iorga, Mişu Antonescu und Istrate Micescu seine Lehrer waren ... Er erwies sich als tauglich, sowohl für die Bourgeoisie als auch für die Kommunisten. Als das alte Orşova/Orschowa vom Donau-Stausee verschluckt wurde, fasste er den Entschluss, mit seiner zweiten Gattin, einer überaus anständigen Frau, in seinen Geburtsort zurückzukehren. Sie kauften ein Haus, das sie wunderbar auf Vordermann brachten. Sie unternahmen Spazierfahrten mit dem Zug oder mit dem Bus nach Herkulesbad, Karansebesch oder Neu-Orschowa. Sie hegten und pflegten das Blumengärtchen. Onkel Ghiţă sammelte Urkunden für den Stammbaum (eines Tages sagte er mir im Ton höchster Vertraulichkeit, unsere Vorfahren seien Aromunen, eingewandert aus dem Gebiet des heutigen Jugoslawien) oder stellte in seinen Sudelbüchern allerhand Rechnungen an. Obwohl er ein großer Nationalist war und mit den Ungarn ein Hühnchen zu rupfen hatte, sagte er sich die Zahlen in der Sprache derer vor, die er verachtete, und wenn man ihn auf diese Merkwürdigkeit ansprach, entgegnete er leicht gereizt, das falle ihm leichter, schließlich habe er die ungarische Grundschule besucht. Seine diskrete Gattin fand man tot auf einer Chaiselongue im Rosengärtchen – sie hatte offenbar gewartet, dass er vom einer seiner Fahrten in ein nahes Städtchen zurückkehrte. Seit diesem Vorfall hatte Onkel Ghiţă einen Tick: Er pfiff ununterbrochen leise vor sich hin, selbst wenn er im Gespräch oder beim Essen war. Auf die Minute pünktlich stellte er sich bei jenen ein, die ihn gemäß langfristiger Abmachung zum Essen erwarteten. Das Frühstück und das Abendessen verzehrte er methodisch zu Hause, die Brille auf der Nase, als wäre er im Amt oder stellte Experimente von entscheidender

Bedeutung für die Zukunft der Menschheit an. Als sie ihn operierten, war er weit über 80; er schaffte es dann noch eine Weile. Irgendwann, bei einem Besuch auf dem Dorf, fand ich auf dem Klo neben dem Stall an einem Nagel Blätter mit seiner ganz besonderen Schrift. Man gab mir einen Stoß Hefte mit einer Buchführung über zwei Jahrzehnte. Hier ein Muster. Die Rubriken: Datum / Art der Einnahmen oder Ausgaben / Einnahmen Lei, Bani / Ausgaben Lei, Bani / Saldo Haus Lei, Bani. 18. April 1974 – Rente April – Ghiţă: 1296,00; Mărioara: 1104,00; Gesamt: 2400,00. Trinkgeld Postbote 10,00. Pinsel 57,00. Seife 1,25. Pfefferminz 1,50. Lippenstift 10,00. Sardinen 8,50. Blümchen 2,00. Bus 2,00. Wandanstrich 87,50. Henkeltopf 12,50. Schwamm 3,00. Klammern 2,00. Stopfen 1,40. Brötchen 2,00. Waschschüssel 18,60. Brot 4,00. Käse 37,50. Elektrischer Strom, 1. Trimester: 45,00. Setzlinge 6,00. Friseur 6,00. Am Fuß der Seite, nach dem 26. April, Übertrag: Ausgaben 773,95; Saldo Haus: 1626,05. Und so immer weiter bis ,89. Er hat reinen Tisch gemacht, der Onkel Ghiţă, Gott hab ihn selig.

Der doppelte Selbstmord im Heuschober

Sie wird nicht einschlafen, ehe sie das Klopfen am Fenster hört. Danach wird die Handvoll Pillen ihre Wirkung tun. Drüben schnarcht die Alte schwer, als hätte sie einen Felsbrocken auf der Brust. Wenn das Röcheln den Höchststand erreicht, hält es einige Augenblicke inne, das überwache Gehör vernimmt relativ ruhige Atemzüge, dann hebt das Crescendo wieder an, mit bedeutungsvollen Variationen, was ist das aber für eine Qual, ihnen zu folgen, sie einzeln im Gedächtnis zu bannen!
Gleich wird er klopfen: zuerst mit einer Münze oder einem Blechring; bald darauf mit dem Krückstock, schließlich mit der Hand, mit beiden Fäusten.
Die Nana Mărie wird sie nicht wecken. Ihr reicht es, sich die Szene vorzustellen, um den Ekel zu empfinden, den sie ihr verursachen würde. Die Alte würde unter Ächzen und Stöhnen erwachen, sich verstört aufsetzen, eine Weile auf ihrem riesigen Hintern sitzenbleiben, die Daunendecke soweit zur Seite geschlagen, dass man ihre geschwollenen krampfadrigen Waden sieht; die Maske der Verblüffung würde nach und nach einem Ausdruck lauernder Hinterlist weichen, „ja, ja, der klopft nur bei den Mädels und Witwen, dass ihn doch der liebe Gott weichklopfen sollte, seit zehn Jahren kann er nicht schlafen, so straft ihn der Himmel, er wird wissen, was er in der Fremde gesündigt hat auf all den Baustellen, und die

Sünde lässt ihm keine Ruhe, er streift die ganze Nacht durchs Dorf und pocht, wo noch Licht ist oder wo er meint, dass es eine Seele gibt, die ebenso gequält ist wie die seine". Die Alte erhebt sich schwerfällig in einer Folge von Rucken, die die Geduld des Betrachters arg strapazieren, schleppt sich ins Zimmer des Fräuleins, bleibt am Fenster stehen und ruft dem da draußen zu: „Geh mit Gott, Moisă, aber geh, sonst lass ich den Hund auf die Gasse." Der aber ist wohl abgehauen, denn man hört die Hunde zwei, drei Häuser weiter bellen, etwa beim Peleagu. Und wenn wir ganz aufrichtig sind, die Nana Mărie kann ja immer drohen, gestern war es einen Monat her, dass ihre Hündin Cârna vom verrückten Sohn des Gevatters Laie mit dem Traktor überfahren worden ist. So wäre das, solange es dunkel ist, denn im Morgengrauen wird Milena, die gerade erst eingeschlummert ist, von dem Palaver auf dem Bänklein „unter der Mauer" geweckt, das vermeintlich im Flüsterton stattfindet, aber eigentlich weithin schallt und in ihre zerbrechliche Schlaftrunkenheit dringt. Die Leidenschaft der Nana Mărie wird angestachelt von der Bosheit und dem Interesse der Nachbarin oder des zufällig vorbeikommenden Radfahrers, der absteigt und sein Bizykel für eine Minute ans Tor lehnt. Die Alte wird wieder und wieder denselben Spruch loslassen, der aber für die Hörer stets etwas anderes bedeutet, was jene im Bett nur zu gut weiß, sodass sie sich verkrampft die Ohren zuhält. „Dem Fräulein fehlt ein Mann. Sie findet keinen Schlaf und nimmt auch mir den meinen. Sie glaubt, der Morone von einem Moisă ist hinter ihren Hüften her, aber der Moisă geht seinen

Weg, der treibt sich herum, achtet auf niemanden, an den kommt man nicht ran. Dem Fräulein ist nach einem Mann, aber von unsereins will sie nichts wissen, sie verlangt es nach einem Indschinör oder wenigstens einem Professer."
Der andere oder die andere wird laut auflachen oder kichern. Milena wird wieder in eine Art Schlaf sinken, der aber nicht so tief ist, dass sie sich von der Umgebung löste. Die Alte wird noch etliche Pendler oder den Schwarm Frauen, die zu den LPG-Stallungen unterwegs sind, abfangen, um ihnen zu berichten, was mit dem Fräulein los ist, während das Fräulein selbst hin und her gerissen ist zwischen dem Wunsch zuzuhören und dem, in Träumen zu versinken trotz der Befürchtung, dass ihr in jenem Traum erst recht die Nana Mărie erscheint, wie sie, an den Torpfosten gelehnt oder schwer auf der Bank unter dem Fenster lastend, ihre, die Geschichte der unbemannten Mieterin herunterspult, während sie selbst, weder tot noch lebendig begraben in dem Zimmer mit dem traditionellen Duft von Basilikum, etwas loszuwerden versucht, was sie kaum zu benennen vermag, es ist so vieles zusammengekommen, sodass alles zusammenschnurrt in der Trockenheit der Kehle wegen der Unzahl geschluckter Pillen und der Unlust, die Hand nach dem Wasserkrug auszustrecken. Sie zwinkert, öffnet ein Auge, ist sich aber nicht sicher, ob das nicht noch im Schlaf geschieht, das noch spärliche Licht enthüllt ihr die Fotos an der Wand, die sie so genau vor Augen hat, als betrachtete sie sie im Abstand von einigen Zentimetern, Bauern, die unter dem Eindruck des feierlichen

Augenblicks in die Kamera starren, und nonchalante Nachkommen, verkleidet als Städter, Milizmänner, Touristen, Amerikaner, Eigentümer …
Noch ist der schlaflose Mensch nicht ans Fenster gelangt, aber sie spürt, wie er näherkommt. Sie kann ihn jenseits der blödsinnigen Konvention der Wände ausmachen mit seinen geröteten Lidern, dem vom Quecksilber angefressenen Gesicht. Vielleicht sollte sie ihre Abneigung überwinden und es auf ein Gespräch mit ihm ankommen lassen. Nein, es geht nicht um das Verlangen nach einem Mann. Adam? Ein großtuerisches Ekel, verheiratet. Manchmal findet sie ihn lustig, aber seine billigen Wutanfälle erschrecken sie noch nicht einmal. Das alles erscheint ihr eher nervig und langweilig; etwa der Spruch: „Ich ess einen Wodka, erst dann kann ich an die Fortpflanzung denken." Er wird gewiss als Alkoholiker enden, das Hirn wird schrumpfen und die selbstgewisse Tussi, die noch seine Frau ist, wird ihn verlassen haben. Ion – noch nicht mal das. Der Dicke mit den Fresspaketen, die er sich für Jause, Mittagessen und Vesper zurechtlegt; mit sorgfältig ausgearbeiteten Unterrichtsplänen; mit mittelmäßigen, spießigen Meinungen. Agarici, der Agronom – ein eingebildeter, dümmlicher Schürzenjäger. Sie alle haben etwas für sich, vorgestern war es sogar ganz nett, als sie abends vom Feld kamen, nachdem sie ohne die Hilfe der Schüler die ihnen zugeteilten Streifen gehackt hatten, völlig erschöpft und gerade darum aufgeputscht. Sie kam sich wichtig vor, sie und die drei, wie in einem naiven Märchen mit der Schönen und den Prinzen, alle Witze waren ihr gewid-

met, sie lachte so viel wie seit Jahren nicht mehr. Adam verschwand unvermittelt in der plötzlich verdichteten Finsternis, er war in eine Grube gefallen, „hier komme ich nur raus, wenn ihr mich an den Haken nehmt, ihr findet mich, wenn ihr dem Blöken der Schafe folgt", alberte er herum. Ion summte auf dem Stahlblatt der Hacke in der Art des Geigerzählers; „radioaktiver Aufstand, eine neue national-bäuerliche Partei steht auf gegen die mit der Bauernschaft verbündete Arbeiterklasse an der Seite der volksverbundenen Intelligenz …" Agarici sandte ausgelassene Schreie gen Himmel, an dem nicht ein einziger Stern stand.

Natürlich kommt Moisă irgendwann um die Ecke. Der Hahn krächzt im Maulbeerbaum. Die Sau grunzt im Schlaf. Die alte Mărie lässt einen schallenden Furz. Sagen wir mal, der Mann müsste Dan, ihrem Vetter ersten Grades, oder Mircea, ihrem Stiefbruder, ähnlich sehen. Nein, da ist nichts Inzüchtiges dabei, es geht um Muster, Kompatibilität und gegenseitige Bewunderung.

Moisă nähert sich unaufhaltsam, der lahme Fuß schlurft hinterher. Milena springt auf, zieht ihr Leinenröckchen über, das ihr so gut steht, läuft durch die Kammer, in der die Alte schwer atmet und schwitzt, sperrt die Haustür und das Hoftor auf. Unweit, beim Băgrin, steht Moisă, als wartete er. In aller Form bietet er ihr die Flasche Likör an. Er erscheint ihr gar nicht mehr so widerlich. Sie nimmt einen Schluck. Der Mondschein hüllt sie wahrscheinlich in eine unverdiente Aura. Sie stottert etwas von Leid und Pech, allerdings mit populistischer Emphase und biblischen Akzenten. Sie machen sich, als wäre es abgesprochen, zum Dorfrand auf. Hin und wieder streckt ihr der Mann die Buddel mit der ekelhaft süßen Flüssigkeit hin. Kein Mensch unterwegs. Alle schlafen, schliefen sie doch in alle Ewigkeit. Sie kommen zum Heuschober. Er reißt ein Streichholz nach dem andern an. Sie gibt ihm Windschutz. Sie nimmt ihm die Schachtel ab. Sie ist geschickter. Das hat sie bei den Experimenten im Labor geübt. „Ich bin auch Feuerwerkler g'wehn", brummt Moisă. Eine Feuerzunge erfasst ihr Lieblingskleid. Er erstickt die Flammen mit der Hand. Nimmt sie in die Arme. Trägt sie zur naheliegenden Kote. Legt sie auf die Mulldecke. Dennoch spürt sie die stechenden Maiskörner. Sie kriegt die Menge an Empfindungen nicht zusammen, die vom Feuer ausgelöst worden sind: der aufflammende Heuschober, der glühende Blick des Monsters über ihr, der Brand, den das schlechte Getränk verursacht, die Hitze (wieso wundert ihr euch?) zwischen den Schenkeln.

*

Fräulein Milena, die Chemielehrern, hat die Nana Mărie im Bett ihres Mietzimmers gefunden, als sie von den Verwandten aus Reschitza zurückkam, die Verwesung war schon im Gange. Todesursache: Vergiftung mit Schlaftabletten. Ihre Pendlerkollegen Adam, Ion und Agarici hatten sie im Luftkurort Moneasa bei der Familie ihres Vetters ersten Grades gewähnt. Und hatten sich gewundert, dass sie Tage über die beim Direktor erbetene Auszeit weggeblieben war.

Moisă muss in derselben Nacht gestorben sein. Oder in der Nacht davor. Er hatte eine Flasche Rum und eine mit Likör getrunken. „Er hat seinen Schlaf gefunden", wisperten die bösen Mäuler. Er hing an dem Brunnen vor dem Rathaus, er muss einen fürchterlichen Brand gehabt haben.

Den Hirten aus der Gegend um Gorj verhaftete die Miliz drei Tage nach der Feuersbrunst. Er gestand sofort, dass er den Heuschober der LPG angezündet hatte, um sich am Vorsitzenden zu rächen, mit dem er um Weideplätze gestritten hatte.

Zum Zaun

Gerade sperrt er das Tor auf. Öffnet es. Sieht sich lange um. Erwidert den Gruß von irgendwem. Tritt ein. Schließt das Tor. Sperrt es ab. Schimpft mit dem Hund. Poltert herum. Nimmt den Besen. Schwingt ihn einmal und noch einmal. Hält inne. Sieht sich lange um. Betrachtet der Drahtzaun. Ein weiterer Gruß, er erwidert ihn nicht. Er beginnt wieder zu kehren. Erhöht das Tempo. Brüllt wieder den Hund an. Lässt den Besen fallen. Geht durch den Hof nach hinten. Packt die Axt. Hackt Äste von der verdorrten Tanne ab. Lässt die Axt fallen. Packt den Besen. Trifft damit den Hund. Er kommt zum Zaun. Kriegt eine Zigarette. Zündet sie nicht an. Dankt nicht. Dreht die Zigarette zwischen den Fingern. Führt sie nahe an die Augen. Schmeißt mit ihr nach dem Hund. Geht zum Zaun. Stolpert über einen Ast. Flucht. Er betrachtet den Wipfel des Kirschbaums. Geht weiter zum Zaun. Schwingt sich auf einen Stein. Sieht sich um. Springt herunter. Brüllt den Hund an. Geht die Treppe hinauf. Besinnt sich anders. Steigt die Treppe wieder herab. Geht zum Hund. Bleibt stehen. Wippt mit dem Fuß. Ändert die Richtung. Er geht zum Zaun. Steigt auf den Stein. Sieht sich um. Schüttelt den Kopf. Grüßt. Springt vom Stein herunter. Hält ein paar Sekunden inne. Steigt wieder hinauf. Winkt. Nimmt den Henkeltopf an. Reden will er nicht. Er poltert herum. Geht zur Treppe. Bleibt stehen.

Dreht sich um. Sagt etwas Unverständliches. Fuchtelt mit der freien Hand. Wendet sich ab. Geht zur Treppe. Nimmt zwei Stufen. Drei. Bleibt stehen. Steigt wieder herunter. Flucht. Poltert herum. Lässt den Henkeltopf sinken. Brüllt. Fuchtelt. Nimmt den Henkeltopf. Geht zum Hund. Leert die Schüsseln in seinen Napf. Schaut sich befriedigt um. Schmatzt. Gibt dem Hund einen Tritt. Geht zum Zaun. Überlegt es sich. Geht zur Treppe. Brüllt den Hund an. Brüllt weiter, den Blick nach oben gerichtet. Sein Blick bleibt am Wipfel des Kirschbaums hängen. Er lächelt. Er geht zur Treppe. Dreht sich auf dem Fuß um. Er geht zum Tor. Er steht vor dem Tor. Er geht den Zaun entlang. Springt auf den Stein. Schwankt. Wirft die Zweige über den Zaun. Springt herunter. Geht zum Hund. Überlegt es sich. Geht zur Treppe.

Uica Ghiţă (2)

Allerdings war der Onkel Ghiţă ein Leben lang ein Pedant. Obwohl er von klein auf ein Musterschüler war, ließen die Seinen sich nur schwer überzeugen, ihn weiter lernen zu lassen. Er durchlief das Stadium eines Schreibers beim Rathaus des Dorfes, wo ein Finanzbeamter aus Orschowa auf ihn aufmerksam wurde. Dieser veranlasste, dass die Eltern einwilligten, ihrem Sohn eine Karriere in der Stadt zu ermöglichen unter der Vorgabe, dass dieser seine Ausbildung durch Privatunterricht abrundete. Jener Mensch auf der Suche nach jungen Leuten, die zu kaiserlichen Beamten taugten, trug wesentlich dazu bei, dass sich das Erscheinungsbild des Kindes änderte. Durch eine geschickt getätigte Anleihe ersetzte er dessen Kniehosen aus zerknittertem Leinen und die dicke hausgemachte Strickjacke mit einem Anzug von der Stange, der zwar nicht wie angegossen saß, aber schon eine gewisse Linie hatte. Auch die viel zu großen, schlurfenden Bokanken wurden mit einem Paar eleganter, fast weiblich wirkender Stiefel ersetzt.
So wurde Onkel Ghiţă, Gott hab ihn selig, zu einem

Menschen, wie er jedwelcher vergänglichen Obrigkeit von Nutzen ist!

Als dann Orschowa beim Bau des Wasserkraftwerks in den Fluten versank, kam er, nach einem unseligen Intermezzo in Arad, zurück ins Dorf. Sein Leben von den Siebzigern bis zum Tod lernte ich nolens volens kennen, weil wir uns im Sommer in seinem Landhaus trafen, aber auch, weil er sich Jahr für Jahr in den Spitälern von Temeswar aufhielt. Manchmal besuchte er uns auch unvermittelt, um seine Vorräte zu vervollständigen oder (in unseren Augen unnütze) schwerere oder feinere Gerätschaften für einen gedeihlichen Haushalt anzuschaffen. Dieses Jahr dann fanden wir Onkel Ghiţă nicht mehr vor, wir durften auch nicht mehr in sein Haus, weil die Erben es schnellstmöglich verkauft hatten. Dafür fanden wir alles in seinen Papieren, die von den Käufern übernommen und in dem Raum gelagert worden waren, über den man auf den Dachboden gelangt und wo der Mais entblättert wird. Tragetaschen aus gepresster Pappe mit Tagesnotizen in Schulheften, augenlose verweste Kätzchen zwischen zwei verwaltungsrechtlichen Abhandlungen. Und dort, unter Trockenblumen, in jenem undurchdringlichen Versteck …

*

Uica Ghiţă ist ein hintergründiger Mensch gewesen. Neben dem gewissenhaften Beamtentum hatte er ein Geheimleben. Frauen- und Saufgeschichten kamen durchaus darin vor. Meine Leute erzählten mir von peinlichen Zwischenfällen, wo er im Dreck gelandet war, wo ihm Männer in die Fresse gehauen hatten.

Für ein versöhnliches Finale greife ich auf den Brief zurück, den ich nur schwer aus einer Bürokratenakte zu lösen vermocht habe. Ich denke, es ist eine Abschrift – man beachte die Notiz: „aufgesetzt in der Hafenstadt Orschowa, in der Nacht vom 17. zum 18. Oktober 1926, zunächst im Kopf beim verzweifelten Spaziergang auf der Mole, dann beim tragischen Licht der Lampe in dem verfluchten Haus" („Ich kam nach Hause, alles um mich her kalt und öde – sank sodann aufs Sofa nieder und begann zu weinen, leise, ganz leise, aus tiefstem Inneren, die Tränen rannen üppig über Gesicht und Hände ...") sowie die gerade Linie anstelle der Unterschrift – „ich sehne mich nach Dir, und es küsst Dich Deine Freundin ..."

Siehe da, Uica Ghiță, verjüngt, mit schütteren blonden Locken, die eine Glatze ankündigen, zieht seine Socke aus dem Strumpfband unter dem Knie, die füllige weiße Wade entspannt sich, und zeigt in dem halbblinden Spiegel sein Profil. Mit einer plötzlichen Bewegung geht er sein eigenes Bild frontal an und reckt ihm spitzbübisch die Zunge heraus.

„Vergebens wollt ich Dich vergessen, denn wo immer es sei, begegne ich Deinem süßen, wehmütigen und durchdringenden Blick – der wo mich überall verfolgt, weil ich hab ihn im Herz und leide fürchterlich von wegen der Gemeinheiten, die die Leute über uns erfinden werden – wo ich doch auch weiß, dass früher oder später alles rauskommt ... und das wegen der Frauen, die sich verdächtig verhalten und ihr eigenes Betragen zu

bemänteln suchen, indem sie andere anschwärzen. Und wie ich für Dich leide ..."
Oder sollte es doch eine Abschrift aus einem Erfolgsroman sein?
Da haben wir Uica Ghiţă in ganz anderer Hypostase, Tränen rinnen über seine eingefallenen Wangen hinunter zum Kinn, tropfen auf den Bogen Papier, hin und wieder entringt sich ihm ein zarter Schluchzer (oder pfeift er gar?), ohne dass er im Schreiben innehielte, allerdings können wir den Brief oder das Manuskript leider nicht im Original sehen und schwingen uns auch nicht zu der Aussage auf, es handle sich um einen Besinnungsaufsatz unseres alten Onkels; obwohl wir ihm unmittelbar über die Schulter schauen können, vermögen wir höchstens zwei oder drei Wörter zu entziffern: „Engel ... Dunkelheit ... Ach! nein!"; erst fünf Jahre später, im Sommer 1994, werden wir in die dickenssche Kammer am Eingang zum Dachboden schleichen, in Säcken, Koffern wühlen und mit diebischem Staunen lesen: „Du Seele von einem Engel – unsere reine Liebe ist dazu verdammt, nur in der Dunkelheit zu leben, bin ich doch eine viel ältere, verheiratete Frau und du ein unverheirateter Jüngling ... Ich werde nach Kräften kämpfen, unsere Liebe geheim zu halten wie einen teuren Schatz, der heute für mich das Leben ist und mich das Leben kosten wird ... Ach! nein! mein lieber Junge, heute sage ich Dir jedoch, dass ich mich niemals von Dir trennen könnte ... Du wirst mein Herr sein, wirst aus mir machen, was immer Du willst ..."

Retro

Der andere wird von dem abstoßenden Durcheinander erzählen. Soll er selbst also über das magische Kellergelass schwatzen? Auch hier dieselben ermüdenden Abstufungen. Die wohlkomponierte Unbekümmertheit, die durchdachte Unordnung in Hammers Bildhauerwerkstatt – die Ballung ausrangierter Maschinen; die Holzklötze, welche Bilder vom Waldrand an der Abzweigung des Wegs durch die Heuwiesen beschwören sollen; die subtile Zusammenstellung vielfarbiger Flaschen. Oder der absichtslose Reiz des Wärmekraftwerks, in dem Managă arbeitet. Röhren, Gedröhn, Kolben, Wummern, das lachhaft die Hölle beschwört. Die Kammer mit dem schmuddeligen Bett, ein Zeitschriftenstapel statt Kissen, die Schreibmaschine, die von selbst klappert und unglaubliche, unendliche Poeme verzapft; Konserven mit Bohnen und Räucherspeck auf dem Brett, das als Tisch dient, das Schnüffeln der gezähmten Ratte namens Lazăr, der Gestank des Fusels, der nach dem Pflaumenpaar auf dem Etikett „Zwei blaue Augen" heißt. So ist er in das Reich des anderen eingedrungen, obwohl seine Absicht war, Abstand zu halten! Er wird von einem Untergrund an Opulenz und Verkommenheit reden, zu dem er nur einen Sommer lang Zugang hatte.

Der Kerl nannte sich Raul. Er heißt Aurel. Sein Onkel war Diplomat. Der hatte ihm die ganze Burg überlassen, er aber hatte sich im Untergeschoss eingenistet. Säle mit Spielautomaten, für Tischtennis und Billard, der eine mit einem kleinen Spieltisch, der andere ein Kino, der dritte eine Diskothek, eine Bar, Stroboskope, Maulbeerbaumfässer, eine Reptiliensammlung, ein alchimistisches Labor, Rückzugsräume.

Dorthin zogen sie sich für einen Monat zurück. Achtmal verlor er sein Vermögen und gewann es zurück (die Bibliothek, die Verlobte, die Junggesellenwohnung). Sie tranken dreißig Kisten Metaxa, einige LKW-Ladungen Dosenbier, unzählige Fässer Wein. Sie rauchten Hunderte Stangen Zigaretten. Sie schliefen mit elf Frauen. Schlaf fanden sie höchstens sechzig Stunden in der ganzen Zeit. Dutzende Leute kamen vorbei, weil aber sechs, sieben stets ihre angestammten Plätze einnahmen, störte er sich nicht an dem Besucherandrang. Natürlich hatte er das Gefühl, irgendwann würde ihm eine Ader platzen, ja das Herz oder der Magen oder die Galle oder die Därme würden explodieren. Er dämmerte dann weg und spürte beim Erwachen, dass eine ganze Bande von Radaubrüdern in seinen Eingeweiden tobte, dass seine Nerven in stumpfsinnigem Aufruhr waren. Das Spektakel schien kein Ende zu nehmen.

Ein Glück, dass er eines Morgens (erst später fanden

sie heraus, dass es eigentlich die Abenddämmerung gewesen war) im großen Salon Raul alias Aurel mit gereckter Zunge am Lüster hängen fand und alle, die noch da waren, wie Larven ans Zwielicht krochen und torkelnd das Weite suchten. Nur er und eines von den Mädchen warteten das Eintreffen der Polizei ab, wobei sie verbissen vögelten unter den starren Blicken dessen, der ihnen einen unvergesslichen Urlaub beschert hatte. Als sie zu sich kamen, war Raul heruntergestiegen und gerade dabei, einen tückischen Kaffe zu kochen, wie er ihn zuzubereiten verstand, und die Schlange von seinem Hals, von der er sich nicht einen Augenblick trennte (er sagte, er bereite einen Monolog für ein Provinztheater vor, und das Reptil spiele eine klar definierte Rolle in der Ökonomie des Stücks), lag wie tot auf einem Läufer, nur der Schwanz zuckte unmerklich.

Das Hexameron

Von Abstieg konnte keine Rede sein. Den Sturm hatten sie kommen sehen, aber nicht geglaubt, dass er so heftig sein und so lange anhalten würde. Es schien, als könnte der Betonwürfel jederzeit abheben und sie allesamt durch die Lüfte tragen. Kaum schafften sie es, den Funkverkehr mit dem Basislager und den Leuten am Fuß des Gebirges aufrechtzuerhalten. Für Messungen traute sich nur Terente hin und wieder hinaus und klammerte sich an das Drahtseil, das zu den Geräten führte. Zum Glück hatten sie es noch geschafft, zwei Schafe zu schlachten, als das Unwetter gerade heraufzog. Mirel war mit zwei anderen als Hirte eingesetzt worden, er sollte sich um die Herde kümmern, während Terente den Lämmern den Garaus machte, und war fast bis zum Boden das Talkessels abgetrieben worden, weil er den verstörten Haufen nicht zu beherrschen und auch nicht mit den Hunden zu reden vermochte, die ihn bedrohlich umkreisten. Von dort hatten sie ihn heraufgeholt, mehr tot als lebendig – Terente kriegte sich nicht ein vor Lachen, während er ihm mit seinen Fäusten von der Größe eines

Widderschädels auf den Rücken trommelte –, ihn eingemummelt, ans Feuer gesetzt und ein Senfglas Wodka mit Heidelbeersirup vor ihn hingestellt.
Die Meteorologen bewahrten Ruhe, dergleichen hatten sie schon gehabt im Sommermonat Juli, nur ein Teil der Zugelaufenen verrieten Anzeichen von Panik. Mirel kicherte hysterisch, verschluckte sich mit dem Gesöff, am Montag muss er unbedingt zum Dienst, sonst wird er vom Boss, der es schon lange auf ihn abgesehen hat, gefeuert. „Geh doch", höhnte Terente, „na los, geh doch", und sein wieherndes Lachen nahm es auf mit dem Geheul des Schreckens, der ihnen von draußen drohte.
Nach und nach beruhigten sich die Geister. Es wurde wieder Rummy, Backgammon und Poker gespielt. Die Frauen standen bei Klatsch und Tratsch um die dampfenden Töpfe.
Es war ein Gewusel von Geologen, Hirten, Förstern, Fuhrleuten, Touristen und, natürlich, Leuten von der Messstation. Als Einziger hielt Partenie sich abseits, Jugendlandesmeister im Judo, er lag stundenlang, ohne sein Ski-Overall abzustreifen, auf einer Truhe am Herd, das Gesicht zur Wand. Sie brachten ihn noch nicht einmal dazu, sich zum Essen aufzusetzen. Wenn die anderen schliefen, das hatte Terente beobachtet, stand er verstohlen auf und schlang hinunter, was er zu fassen kriegte, dann ging er in den Vorraum, um sich über dem Fass hinter der massiven Metalltür zu erleichtern. Er kehrte an seinen Platz zurück und verharrte, sobald er sich hingelegt hatte, wie ein Holzklotz, unbeirrt von allem, was um ihn geschah.

Tag und Nacht waren nur anhand der Uhr zu unterscheiden, denn die Finsternis war stets die gleiche, kompakt und, wie es schien, ewig.

1. „Die übliche Sause von Lyzeumsabsolventen ..." Partenie erkannte die Stimme des Studenten oder frischgebackenen Ingenieurs. „Es war in der feudalen Hütte des Onkels von Doiniṭa, nun, sie gehörte ja dem Staat, aber er verfügte voll und ganz darüber. Ich war heftig in love mit der Doiniṭa und hielt den Moment für gekommen, sie flachzulegen. Mach keine Faxen, Doiniṭa, du weißt doch, wie die Männer denken. Ich lockte sie in den hintersten Teil des Hofes, und dort, man mochte seinen Augen nicht trauen!, vor einer Bretterbude, von der ich nichts wusste (Doiniṭa, verdammt, du hast mich anbeißen lassen!), vögelten Fery, der hochgeschossene Blinde, der im ganzen Viertel bekannt war, und seine Kebse, die bucklige Maruşa, die kaum über die Tischplatte gucken konnte, was das Zeug hielt. Beide waren splitternackt – er ein riesenhafter Pinnochio, aus Latten zusammengeschlagen, sie – abgesehen von den Krücken – aus lauter Knoten und Krämpfen. Sie waren offenbar arg besoffen, er kotzte in einem fort auf ihren Rücken, ließ aber nicht nach mit der Rammelei, während sie, auf einem Stuhl über der Lehne hängend, ihn mit schweinischen Anweisungen reizte, wobei ihr Höcker wahnwitzig auf und ab schwoll, als wollte er den Körper verlassen, und die ständig erneuerte Kotze des andern im Mondschein das verwachsene Fleisch und die runzlige Haut silbern und seiden erglänzen ließ ..." Dabei wandelten der Blinde und die Bucklige den lieben langen Tag seraphisch durch

die Vorstadt, kindlich Hand in Hand! Der Absolvent kam zum Schluss und stellte fest, dass er und Doiniţa, obwohl sie es an jenem Abend insgeheim und einvernehmlich hatten tun wollen, noch lange nach der Hochzeit von dem fürchterlichen Krach der Liebe zwischen Fery und Maruşa gehemmt worden waren.

2. In einer anderen Nacht (oder war es ein Tag?) bekam er mit, wie die Frau des Chefs der Wetterstation jene des ehemaligen Mechanikers beschimpfte, Letztere wohnten mittlerweile in der Stadt und besuchten die früheren Kollegen, um hier einen Teil ihres Urlaubs zu verbringen, was besser war, als vor faulen, aber bösartigen und launischen Kellnern des Nationalen Fremdenverkehrsamtes Männchen zu machen … „Du hältst mich wohl für blöd und denkst, ich merke nichts. Er hat dich in den Keller gelockt, hat dich über ein Fass gebeugt und seinen Spaß gehabt, während das Gurgeln des Dieselöls sein schweres Keuchen und Fluchen, aber auch deine spitzen und falschen Schreie übertönte. Oder er forderte dich auf, die Leiter zum Dachboden hinaufzusteigen, damit er seinen verschwitzten Kahlkopf unter deine Röcke stecken konnte. Ja, ja, ihr wusstet, dass ihr mich quält, darum habt ihr euch auch nie eine Stunde oder einen Ort ausgesucht, es reichte, wenn eines von beiden Lust hatte." Die andere tat, als weinte sie, schwor bei irgendwelchen Gräbern, es sei nicht wahr, es …

3. Er erinnerte sich, wie eine Woche vor der Sintflut Didina, die Geliebte des Geologen, ihn bei den Kreuzfelsen entdeckte, wo er nackt an der Sonne lag (natürlich hatte sie ihm hinterherspioniert und war ihm auf die Schliche

gekommen). Dort deflorierte sie ihn aufs Zärtlichste. „Partenie, mein Held, mein unberührtes Sensibelchen" – dabei wusste sie nicht, dass diese Bestie von einem Geologen (erregt und wütend) vom Kamm aus alles mit seinem Zeiss-Fernglas genauestens beobachtete. Auf der Hütte, als der nach den Schätzen der Tiefe bohrende Unhold ihn ohrfeigte, hätte er ihn mit einem Yusei Goshi aufs Kreuz legen können, hielt aber in der Bewegung inne beim Gedanken an Didina. Ein unverzeihlicher Irrtum in Verkennung der weiblichen Hinterlist, denn tags darauf würdigte sie ihn keines einzigen Blickes, sondern kuschelte sich katzengleich zwischen den aggressiven Bart und den selbstgewissen Bauch des Geologen!
Partenie schlief ein und träumte von ihren herrlichen Hinterbacken. Verräterisch und herrlich.
4. ... die banalen Geschichten der Schafhirten, die wohl unmittelbar ihrer Vorstellung entwachsen waren, krank vor Wildnis und Einsamkeit, handelnd von Gevattern, die mit Lämmern, Eselinnen, Füchsinnen, Häsinnen lebten ...
5. ... der Blödmann von einem Terente, der sich dermaßen ausschüttete vor Lachen, dass man kaum verstand, was er sagen wollte. Da bekriegten sich wohl zwei Banden von Jungs am Ufer der Marosch. Das Paar war aus heiterem Himmel aufgetaucht. Er hochgewachsen, ernst, mit Bärtchen, Anzug, Krawatte, Wildlederschuhen. Sie hatte die Schuhe ausgezogen und ließ sie an den Riemchen an einem Finger baumeln. Klein, aber nicht dicklich, üppige Brüste, leicht gebogene Beine, mannbar, oho! „Sag, wer es war, du Unglückliche, sag mit wem!" „Verzeih mir,

verzeih mir!" – und die Kinderschar am Ufer hinter ihnen her, ohne dass sie sich daran gestört hätten. „Ich wüsste nur zu gern, was daraus geworden ist", beschließt Terente seine öde Geschichte.

6. Die letzte Nacht war lang wie eine Polarnacht. Wirrnis, Scham und Angst, das wäre nach Partenie die passende Formel. Ist es wirklich zu dem Skandal gekommen, oder ist es nur die Frucht der Kombinatorik, die mit den kleinen, in dem würfelförmigen Raum geballten Nickligkeiten einhergeht? Wer hatte es gewagt, als sich die Wetterlage kurz entspannte, die Station zu verlassen? Der böse Hirte mit Doinița? Der Milchbart von einem Fuhrmann mit Didina? Sollte er selbst sich mit dem dringenden Bedürfnis, überall zu sein, aufgemacht haben? Wieso dann in Gesellschaft der Mechanikersgattin? Da sind sie jedenfalls alle auf der Suche, mit Lampen, chinesischen Laternen, hinter dem Kübelwagen, der den engen Weg durch den Schnee vorzeichnet. Da sind sie am Eingang der Höhle Uierului, wo sie wie gewöhnlich der stets besoffene Cicerone mit dem altbewährten Spruch empfängt: „Stalaktite – oben, Stalagmite – unten, merkt euch: Stalakpapa, Stalakmama, Mama unten, Papa über ihr". Mit Mühe machten sie ihm klar, dass zwei von der Station sich, dürftig ausgestattet, im Sturm aufgemacht und den nächsten Punkt nicht erreicht hatten. „Nun ja", sagte der Höhlenführer, „da hat jemand das Gitter verbogen und ist eingedrungen, ich habe den Tatbestand festgestellt, ohne Karbidlampen sind sie verloren; nicht zu reden von dem unterirdischen Bach, der angeschwollen sein muss wie nur was ..." Suchen

komme überhaupt nicht in Frage, es wäre das Verderben. Schließlich überzeugten sie ihn, mit ihnen hinabzusteigen in die brausende Tiefe. Sie entdeckten sie, als sie schon alle Hoffnung aufgegeben hatten, in einem Stollen, der kaum einzusehen war. Der Führer verwechselte sie mit den wohlbekannten Kalkablagerungen und wunderte sich über die unnatürliche Stellung Stalagpapa – Stalagmama. Dabei sahen sie sich fleischlosen Gestalten gegenüber, die zärtlich und abstoßend ineinander verklammert waren, eine Ballung von Ecken und Rundungen, die sich in einer möglichen Vereinigung aneinander rieben. Jemand murmelte: „Der Blinde und die Bucklige." Der Führer brüllte los: „Der Trauzeuge muss einen ausgeben!"

„Schreiten wir zur Nachstellung, Genossen." Alle wandten sich um: Der wackere Feldwebel aus dem Tal hatte die Bühne betreten.

„Die tropfen, die hören nicht auf zu tropfen", brabbelte, plötzlich niedergeschlagen, der Führer und nahm noch einen Schluck Trester.

Hare Krsna

Den Gicu hatte ich etwa fünfzehn Jahre lang nicht mehr gesehen. Ich traf ihn vor ein paar Tagen. Ich lud ihn auf ein Bier ein, wie sich das gehört. Er lehnte rundweg ab. Dafür schlug er vor, wir sollten in dem Park in der Nähe der Kathedrale in uns gehen. Dort auf einer Bank bereitete er unter Einsatz eines Bestecks orientalischer Machart und eines „Sonnensteins" einen Sud aus tibetanischen Kräutern, wobei ihm das Gewusel von Klebstoffschnüfflern, einem Exhibitionisten, einer schmuddeligen Hure, einem Rudel Straßenköter mit offensichtlich menschlichen Anwandlungen nichts ausmachte. Wir tranken schweigend, ich – etwas betreten, er – feierlich, aus perlmutterfarbenen Fingerhüten. Dann, als wir so weit waren, ein paar Worte zu wechseln, bat er mich, ihn nicht mehr Gicu zu nennen, sondern Bhaktisastra Tapasyaswarmi oder so. Um ja nichts falsch zu machen, vermied ich jede Anrede.
Dazu muss man wissen, das Gicu vor zwei Jahrzehnten bei einer Bibliothek in einem kleinen Banater Städtchen angestellt war. Während der acht Stunden Dienst war er

selten am Arbeitsplatz anzutreffen. Gewöhnlich pendelte er zwischen den beiden Wirtshäusern am Ort, wo er irgendwie verstohlen, wenngleich es allgemein bekannt war, je einen doppelten Schnaps kippte, mit Sirup gesüßt. Er stand unter ständiger Beobachtung seines Chefs, der Durchsuchungen an seinem Arbeitsplatz anstellte und aus den Verstecken in den Regalen Rakiflaschen, Buddeln mit Spiritus oder alkoholgetränkte Zuckerwürfel zutage förderte. Trotz allem ließ er stets Nachsicht walten, denn Gicu war ausnehmend begabt – selbst wenn er in der Gosse gelandet war, malte er wie besessen und galt als einer der drei besten Koloristen des Bezirks; zudem komponierte und sang er eine Art klagenden und zugleich aggressiven Folk, der dem Geschmack sowohl der Jugend als auch der Alten, sowohl der Nonkonformisten als auch der Bonzen entsprach. Die kostbarste Beute aber von all denen, die der Chef bei seinen Überfällen gemacht hatte, war ein fast nacktes Frauchen, das sich zu winterlicher Abendstunde nach Dienstschluss auf einem Lager räkelte, welches Gicu aus einem Jahrgang der Parteizeitung *Scînteia* und der Zeitschrift *Cinema* mit dem besonders feinen Umschlagpapier bereitet hatte.

Das muss das Fass zum Überlaufen gebracht haben, oder aber der Vorfall bei der Vernissage der Ausstellung pseudonaiver Kunst, als der Propagandasekretär des Kreises gekommen war und Gicu etwa eine Stunde lang ohne Unterlass Schluckauf hatte, sich aber nicht hinausbitten ließ und erst nach all den Reden still war, dann aber, als die Sektgläser gebracht wurden, zu niesen begann, gezählte 328 Hatschis, worauf er sich vor zwei

Hauptwerken, dem des Meisters aus der Hauptstadt und dem des Onkels des Genossen Sekretär, eines tüchtigen Landwirts aus Gorj, dem Bezirk des großen Brâncuși, übergab.

Oder sollte alles von den unstatthaft lockeren Sprüchen herrühren, die er vor unbekannten Zuträgern gemacht hatte: „Der Wald ist der Bruder des Malegassen" (wo es doch der Rumäne hätte sein müssen), „Ein Schiff wird kommen, Meister Gorbatschow" … Ach nein, das ist aus späteren Jahren und von einem andern.

Jedenfalls konnte der strenge und mitfühlende Chef den Gicu nicht länger verteidigen, und dieser musste sich versetzen lassen, an der Schwarzmeerküste untertauchen, wo er vom Kunsthandwerk lebte. Es gab einen Neustart – Touristenführer, Begegnung mit der dicklichen Holländerin, Jazz mit Anklängen an rumänische Volksmusik in dem gemeinsamen Lokal in Den Helder oder Enkhuizen, den Erfolg der Fleischklößchen in Weinlaub in den Niederlanden, die Lehre vom klingenden Fingernagel …

„Weißt du noch, was wir seinerzeit rauf und runter sangen?", wagte ich einen Vorstoß. Er schüttelte den Kopf. Dann begann er, und da erkannte ich ihn, mit der flachen Hand auf der Sitzfläche der Bank zu trommeln und lauthals zu singen: „Hare Krsna Hare Krsna Krsna Krsna Hare Hare – Hare Rama Hare Rama Rama Rama Hare Hare …"

Nach zwei Stunden ließ ich ihn sitzen und singen. Ich gehe nicht mehr durch den Park, ich fürchte, er ist immer noch dort.

Kleiner Grenzverkehr

Lohndiener ... Lakai ... Agent

1. An jenem von einer allmächtig erscheinenden Sonne überstrahlten Tag spielte das Böse schlechthin, das dieser von der Lebensfreude in den Ring geworfenen Herausforderung gleichgültig gegenüberstand oder gerade durch sie bestärkt wurde, sein finsteres Spiel, berechnend und mit allerhand ausgefuchsten Winkelzügen. Die bösen Mächte hatten am 20. Juni 1949 als Ort der Handlung die Verliese der Securitate in der Hauptstadt Rumäniens und die Büros darüber ausgesucht, personifiziert wurden sie von dem Körper mit lombrosianischer Anmutung (asymmetrisch, gekrümmt, schmale Stirn, unwahrscheinlich lange Hände) mit dem Zeichen Seths, seines ägyptischen Vorfahren, nämlich der Hasenscharte (erinnern wir uns auch des Mörders in dem Roman „Baltagul", Calistrat – der Schönling! – Bogza), hatten sich also bei der Suche nach der Verkörperung ihrer selbst auf den General Nikolski, den Chef der Ermittlungen, geeinigt. Vor ihm stand ebenfalls ein Marxist, ein ehemaliger Sowjetagent wie er selbst, den der Mörder mit scheelem Blick zur Beute erko-

ren hatte und mit Geschick und offensichtlicher Lust quälte.

2. Die Nacht von Sonntag auf Montag. Ich lese, ohne davon ablassen zu können, „Vsio Treciot" von Wassili Grossman. Im Großen bekannte Dinge, allerdings mit einem neuen Akzent. In den sowjetischen Speziallagern waren demnach nicht jene eingesperrt, die gegen den Staat gekämpft hatten, sondern jene, die das, mehr oder weniger, hätten tun können. (Der Gymnasiast, der für ein reales Vergehen, das Kleben staatsfeindlicher Manifeste, verhaftet worden war, wurde wie ein seltsames Tier von Dutzenden Geheimdienstmitarbeitern in Augenschein genommen.) Die Schuldvermutung reicht für die Verurteilung aus, sollte einige Jahre später auch der Lehrling Nikolski sagen. Klar, ich werde nicht frisch zum Dienst erscheinen können. Ein Dämon jagt mich immer weiter, und ich stoße auf Stalins Befehl, Bauern in der Ukraine den Hungertod sterben zu lassen, auf die von schweren Gäulen gezogenen Planwagen, mit denen die über Nacht Gestorbenen eingesammelt werden, auf die noch zuckenden Säuglinge, die in die Jauchegruben geworfen werden, während der Großschriftsteller der Revolution („Der Mensch – wie stolz klingt doch das Wort") in aller Unschuld in einer Moskauer Zeitung über die Notwendigkeit erzieherisch wertvollen Spielzeugs für Kinder schreibt. Ich höre die erste Straßenbahn, ich sehe durch die Vorhänge das zunehmende Licht („weine nicht, lies weiter"), ich kann mich nicht von dem unglaublich heftigen Diskurs des verstorbenen Schriftstellers lösen, der als

russophob auf dem Index steht: „Käuflich ... Lakai ... Speichellecker ... Lohndiener ... Agent. Judas, gekauft für dreißig Silberlinge – mit solchen Ausdrücken versah Lenin des Öfteren seine Widersacher." „Im Disput ging es Lenin nicht um die Wahrheit, sondern um den Sieg." „Die leninistische Intoleranz, die Verachtung für die Freiheit, (...) die Brutalität im Verhältnis zu den Andersdenkenden und die Fähigkeit, ohne zu zucken nicht allein Städte, sondern ganze Bezirke, Gebiete, Gubernien, die seine orthodoxen Gewissheiten in Zweifel zogen, dem Erdboden gleichzumachen ..." Es ist sieben Uhr. Meine Schläfen pochen im Rhythmus der antileninistischen Diatribe. Ich schalte das Radio ein. Aus Moskau wird berichtet, dass Gorbatschow entmachtet worden ist.

3. Bei einem Fernsehauftritt weist Nikolski jede Beteiligung an der „Umerziehung" in Pitești von sich. In der Zwischenzeit ist der Putsch in der UdSSR gescheitert. Die wussten schon, was sie taten, die Bewohner der sowjetischen Hauptstadt, als sie mit feurigem Eifer drangingen, das Standbild von Dscherschinski zu stürzen, dem Vater der Tscheka, der Mutter des KGB und Stiefgroßmutter der Securitate; schon 1917 hatte das ehrbare Väterchen zu Papier gebracht: „Die Kommunisten müssen sich darauf einstellen, zur Not alle möglichen illegalen Winkelzüge, Pläne und Listen einzusetzen, die Wahrheit zu negieren und zu verheimlichen. Die kommunistische Politik zielt konkret darauf ab, Zwist in den Reihen der Feinde zu säen (...), und das nicht, um ihre Fehler zu berichtigen, sondern um sie zu zerstören" (J. Barron, KGB,

nach H. P Cathala, „Die Epoche der Desinformation"). Die lepröse Ausgeburt, ein Import aus dem Lande des NKWD, der das eigene Volk besiegt hatte, hat dafür gesorgt, die eigenen Spuren zu verwischen, er hat den Prügel nur in der Hand von Mittelsmännern geschwungen.

3. Begibt man sich auf die Suche nach Nikolski, stößt man auf andere Folterknechte: Chirion der Bucklige, Politoffizier in Peninsula, die Kommandanten Crăciun (Aiud), Moiş (Temeswar), Goiciu (Gherla); die beiden Adjutanten von Ţurcanu, große „Umerzogene", der Brigadier Coriolan Gherman (noch vor Kurzem tätig beim Fremdenverkehrsamt des Kreises Klausenburg, Außenbeziehungen) und der Aufseher Livinski am Kanal – diese haben den Doktor Simionescu Nacht für Nacht gefoltert und dazu gebracht, „an die Drähte zu gehen" und sich die erlösende Kugel zu holen.

Es gab unter den Aufsehern hin und wieder auch anständige Menschen. Der alte Dumitrache aus Târgşor ließ den Häftlingen ein Neues Testament zukommen. Alexa mit dem Spitznamen „Mann Gottes" suchte den Eingesperrten die wahnhaften Gerüchte zu ersparen, die von der Leitung in Aiud gestreut wurden, schließlich wurde er selbst verurteilt, infolgedessen liegt er heute auf dem Gefängnisfriedhof.

Ein besonderer Fall: Kling, der Chef der Securitate in Lugosch, drehte durch und nahm sich das Leben. Seine Tochter war zur kleptomanischen Säuferin geworden.

5. Erste Meldung: Hr. N. A. aus Lugosch hat gegen Ende

des Jahres 1944 Nikolski in der Uniform eines Sowjetgenerals in Lugosch gesehen. Er war etwa drei Wochen dort. Die Familien Koliev und Șostakov waren ihm enger verbunden und könnten interessante Zeugnisse liefern.

5b. Nein, Hr. V. Z. hat ihn nie gesehen, aber sein autoritärer Geist schwebte über Aiud, Kerkerwächter wie Eingekerkerte kamen gleichermaßen auf ihn zu sprechen. Man wusste, dass jedwede Veränderung im Gefängnisleben (ob es eine Verschärfung oder eine kaum merkliche Verbesserung war) nur mit der Einwilligung Nikolskis und seiner Schlachta stattfand. Von daher das Wort, kein Mücklein fliegt dort durch, wenn er's nicht weiß.

5c. Târgșor (15 Kilometer von Ploiești entfernt) war ein Gefängnis (ehemals Kloster) für Schüler von 13 bis 19 Jahren. Die malerischste Gestalt am Ort, Väterchen Tăgârță, ein geistig minderbemittelter Mensch, zum Politruk mutierter Ölarbeiter, bekannte, er habe unter der Bourgeoisie gelitten, die ihn als Hühnerdieb eingesperrt hatte. Wenn man die Vorträge zur Geschichte der KPdSU über sich ergehen ließ, kam man, im Doppelpack, in den Genuss von Freigängen und Arbeit in den Werkstätten. Die einigermaßen patriarchalische Atmosphäre des Gefängnisses wurde durch die Inspektion von General Nikolski im Frühling des Jahres 1950 aufgemischt, der hier die Ergebnisse des Experiments „Klein-Pitești" zu begutachten gedachte; seine Wut lag begründet in der Tatsache, dass fast alle Häftlinge die Umerziehung verweigert hatten: „Ihr Banditen, wieso wollt ihr euch nicht umerziehen lassen? Hier werden eure Knochen vermodern. Lasst nur, wir kommen euch schon bei. Ihr Fanatiker! Ihr Mystiker!" Und in der Tat kam kurz nach seiner Abreise die eine Hälfte in die Hölle von Pitești – die anderen zum Kanal, wo sie den Brigaden 13 und 14 zugeteilt wurden, in denen die von Nikolski ausgebildeten Knochenbrecher das Schlagen hatten.

5d. Im Totenschein von Gheorghe Ionescu ist vermerkt: „Ort des Todes – Schießplatz im Wald Vrede". Das Gericht hatte ihn zu 25 Jahren Zwangsarbeit verurteilt (weil er sich der aus dem Osten kommenden Ordnung widersetzt hatte), aus Bukarest aber kam der gnadenlose Befehl von Nikolski: Liquidieren. Auf dem Weg zur Todesstatt bat der Mann um ein Glas Wasser. „Scheiß der Teufel drauf, du krepierst auch so", wurde ihm geantwortet. Das war am 7. Juni 1952.

Reschitza – Tscheljabinsk

Der Herr Peter, unser Gastgeber in Lippa, hatte ein merkwürdiges Leben. Zwar war er Schwabe, aber er meldete sich nicht bei der SS, sondern kämpfte in der rumänischen Armee, auch als diese die Waffen gegen die Deutschen gekehrt hatte. Er kam bis in die Tschechoslowakei. Bei der Bodenreform verloren seine begüterten Eltern etliche Joch Land. Immerhin sollte die Familie aufgrund der Tatsache, dass eines ihrer Mitglieder am Krieg gegen Hitler teilgenommen hatte, etwa dieselbe Ackerfläche zurückbekommen. Allerdings wurde die Ehefrau des Herrn Peter zur Wiederaufbauarbeit in die UdSSR verschleppt. Der kleine Peter, der einzige Sohn des Herrn Peter, wuchs im Haus seines Großvaters Peter auf. Nachdem sie für Hitlers Sünden gebüßt hatte, kehrte die junge Mutter nicht zu Mann und Kind zurück, sondern zu den Ihren. Viele Jahre wechselte der kleine Peter auf der Gasse, sobald er ihrer ansichtig wurde, die Seite und sandte ihr aus gehörigem Abstand ein „Grüß Gott". Dann kam die Zeit der Kollektivierung und der Zuspitzung des Klassenkampfs. Der Peter-Clan wurde als großbäuerlich abgestempelt. Wenn die Eintreiber kamen, um die Abgaben zu kassieren, brach Großmutter Resi in Weinen aus. Als sich die Aktivitäten gegen die vermeintliche Feinde der Partei legten, traten auch diese Leute der Kollektivwirtschaft „I. L. Caragiale" bei und waren, wie es heißt, Leute, auf die man sich verlassen konnte. Dann überkam allerdings ein paar Genossen, denen sie nicht besonders ans Herz gewachsen waren, der Gedanke, schmeißen wir die Peters raus als Feinde, Saboteure, Menschen mit Hintergedanken, zum Exempel. Nun gut. Die Kollektivwirtschaft, die nie besonders gut dagestanden hatte, fuhr sich ganz und gar fest. Was ist zu tun?, stellten sich die Genossen die historische Frage. Sie kamen im Guten zum Herrn Peter, der Irrtum tue ihnen leid; sie schickten ihn zu einer Weiterbildung zum Rechnungsführer für Kollektivwirtschaften und wählten ihn nach einiger Zeit sogar zum Vorsitzenden.

Im Haus des Herrn Peter lernte ich eine seiner Kusinen kennen, die, damals ganz und gar ungewöhnlich, mit einem Rumänen verheiratet war. Wie hatte man sich denn dergestalt über die Vorurteile hinwegsetzen können? Ganz einfach, die jungen Leute hatten sich bei der Zwangsarbeit in der UdSSR kennengelernt. Wie aber war das rumänischen Bürschchen bloß dahin geraten? Pech gehabt. Während er auf einen Zug wartete, kam der Mensch auf den Gedanken, an einer Pumpe auf einem Bahnhof seines Vaterlandes Wasser zu trinken. An Ort und Stelle nahmen ihn zwei russische Soldaten fest, denen gerade ein Deutscher aus einer zur Deportation vorgesehenen Zugladung ausgebüxt war.

Letztes Jahr wollte ich die Peters wiedersehen. Ich wusste, dass der Großvater Peter gestorben war. Vor Ort erfuhr ich von Unbekannten, dass der Herr Peter sein Anwesen verkauft hatte, aber immer noch ein Zimmer dort besaß; leider war der Alte (der Alte? Nun, er ist um die 75) ausgegangen. Über den jungen Peter gab es nur Gerüchte, die sich gegenseitig aufhoben, er sei in Deutschland oder er treibe sich in Siebenbürgen herum. Was ist aus dem schönen Vermögen einer Familie geworden?
Mit dieser Geschichte im Kopf klopfte ich unlängst an die Tür von Frau und Herrn D.

*

Reschitza, am Morgen des 14. Januar 1945. In der Stadt wimmelt es von rumänischen und sowjetischen Soldaten, die Arbeiter davon abhalten, in die Fabrik zu gehen. Auf den Straßen des Quartiers sind Kommissionen unterwegs, mit vorab angelegten Listen. Eigentlich ist die Operation zur Aushebung der Deutschstämmigen schon in der Nacht angelaufen, sie tritt jetzt in die Endphase. Die großen Hitleristen haben sich mit den Truppen nach Deutschland abgesetzt oder sind spurlos im Land verschwunden. Geblieben sind wie so oft die Leichtgläubigen, die anständigen Leute, die jetzt wie Übeltäter ausgehoben werden.
(Hr. D.: „Um genau zu sein, müssen Sie anführen, dass die Sowjets nicht allein für diese Aktion verantwortlich waren. Das alles ging nach geheimen Vorbereitungen mit dem Wissen der Regierungen Sănătescu bzw. Rădescu

und mit der Zustimmung der Alliierten vonstatten, wobei besonders die Amerikaner daran interessiert waren, dass die Russen ihre riesigen Kriegsschulden schnell loswurden ... Im Übrigen bekamen wir alsbald ein furchtbar zerstörtes Land zu Gesicht, so dass wir, die wir dieselbe Sprache wie Hitler sprachen, uns schuldig fühlten, ob wir's wollten oder nicht.")

Unter den 700 Menschen, die man im Kulturpalast zusammentrieb, war Lotte (die künftige Frau D.), ein Mädchen im Alter von 17 Jahren. Umsonst hatte die Mutter beteuert, das Mädchen sei minderjährig, sie habe noch einen Sohn aufzuziehen und ihr Mann diene in der rumänischen Armee. (Frau D.: „Woher hätten wir wissen sollen, dass mein armer Vater vom Militärkreis Orawitza ausgehoben und in dieselbe Richtung geschickt werden würde? Erst aus den Briefen meiner Mutter sollte ich erfahren, dass er sich gerade mal hundertfünfzig Kilometer weit weg befand. Er kam früher frei, er war sehr krank. Ein Zug wurde zusammengestellt und nach Deutschland expediert. Als er wieder auf den Beinen war, wollte er nach Hause kommen. Sieben Mal wurde er an der Grenze abgewiesen. In Passau verlegte er sich aufs Betteln, um das Geld für die Rückfahrt zusammenzukriegen. In Budapest schließlich verdingte er sich als Tagelöhner. Dreimal wurde er in Nădlac zurückgewiesen. Der vierte Versuch gelang. Er kam nach Hause. Ein paar Wochen später verhafteten sie ihn und verurteilten ihn zu drei Monaten Gefängnis wegen illegalen Grenzübertritts. In dem Knast von Großwardein verschlimmerte sich seine Krankheit.")

Siegi (jetzt Herr D.) ist ebenfalls Reschitzaer; er steht nicht auf der Liste. Dennoch wird er den Weg in die UdSSR auf sich nehmen, als Abgesandter der UDR, um für Kontrolle und Ordnung zu sorgen, denn unter den Deportierten befinden sich die besten Handwerker von Reschitza. (Eigentlich haben der Herr und die Frau D. mich gebeten, ihre Namen nicht zu nennen und beim Schreiben auf Ausgewogenheit zu achten. Fakt ist, dass der junge Siegfried zu jener Zeit in der Regionalleitung des gerade erst gesetzlich sanktionierten Kommunistischen Jugendverbandes Banat war, also in erster Linie seiner Pflicht im Rahmen der Organisation nachkam. Selbst nach der sowjetischen Erfahrung, die ihn einiges von seinem Idealismus gekostet hatte, blieb er ein treuer Verfechter der kommunistischen Sache.)

(Frau D.: „Sie haben mich als Faschistin abgestempelt, weil ich das Lyzeum hatte. Mutters Fluch ereilte den großen Macher, für den ich hatte gehen müssen. Der Typ ließ sich mit einer falschen Blinddarmentzündung ins Krankenhaus einweisen. Er kriegte einen Doktor dazu, ihm einen Schnitt zu verpassen, nur so an der Oberfläche. Dann versteckte er sich im Wald; es heißt, irgendwelche Karaschowaner hätten ihn umgebracht. Von Wildtieren angefressen wurde er aufgefunden.")

(Herr D.: „Nicht alle Deportierten sind von jeglicher Schuld freizusprechen. In der Deutschen Volksgruppe gab es Tschechen, Slowaken, Polen. Denen war es darum gegangen, mit dem Stärkeren zu sein. Jetzt setzten sie alles dran, zu beweisen, dass sie keine Deutschen waren.")

Plast. Ein Städtchen, 40 Kilometer von Tscheljabinsk

entfernt. Goldbergwerke. Siegi, Brigadiermeister bei Mech-Tech, also in der Mechanikerwerkstatt, lernt in der Kantine seine Landsmännin Lotte kennen, die sich als Spulenwicklerin bewährt. Sie mutmaßen, dass sie sich irgendwann auf den Straßen von Reschitza getroffen haben könnten. Von jetzt an fühlt sich das Mädchen irgendwie behütet. Das Glück währt nur kurz. Er bleibt, sie wird ins Kohlebergwerk von Kopelsk versetzt. Tag für Tag trägt, zieht, schleppt sie Balken von der Länge eines Telegrafenmastes, mit denen die Stollen bewehrt werden. Auf allen Vieren, robbend in der Finsternis des Bergwerks. Gestern wäre sie fast in den 100 Meter tiefen Schacht des Aufzugs gestürzt. Einen Monat später wird sie von einem Minenhund angefahren. Nachts träumt sie davon, wie sie Balken trägt, zieht, schleppt, wie sie in einen Schacht stürzt, der kein Ende nimmt.
(Frau D.: „Die Bergarbeiter dort waren nicht böse, die fluchten halt etwas viel. Anfangs hatten wir Angst. Dann begannen auch wir zu fluchen.")
(Herr D.: „Ich dachte, der Hass zwischen Russen und Deutschen wäre stark. Ich habe mich geirrt. Wir kamen in gemischter Kolonne von der Arbeit. Jugendliche am Wegrand beschimpften uns: ‚Fritz! Nemetzki Fritz!' Die Leute an unserer Seite wiesen sie streng zurecht.") (Bemerkenswert das beständige Bemühen von Herrn D., zu nuancieren und die dramatische Last der Geschehnisse zu entschärfen.)
(Bei anderer Gelegenheit klagte Frau D. darüber, dass sie dort sämtliche Krankheiten auf sich vereinigt habe; sie sprach noch über die kleinen Schlachten, die sie unter

Tage gegen die Rudel erregter Mannsbilder auszutragen hatte.)

Oktober 1949. Bahnhof Temeswar Elisabetin. Eine junge Frau isst einen Langosch. Sie hält noch acht oder neun in der anderen Hand. Sie sieht aus wie eine Russin (wattierte Jacke, weitläufiges Kopftuch mit Fransen, Rock aus schwerem Tuch, Gummistiefel). Das hat auch der Eisenbahner gedacht, der ihr die Langosch gekauft hat, als er sah, wie sie danach gierte. Das ist Lotte. Sie ist heimgekommen. Es sind fast fünf Jahre vergangen.

Kleiner Grenzverkehr

Januar 1980. Gefrorener Schnee. Valcani, ein Dörfchen am westlichen Rand Rumäniens. Der Bus Großsanktnikolaus – Dudeștii Vechi, der den kleinen Grenzverkehr versieht, kommt näher. Wohl etwas weniger Fahrgäste als sonst. Der Bus ist eigentlich zehn Minuten zu früh. Aber das ist nicht schlimm. Die Leute steigen aus. Es ist furchtbar kalt. Der Grenzer, der sich neben den allein zurückgebliebenen Fahrer gesetzt hat, kriegt den Maiskorken nicht aus der Schnapsflasche, die ihm dieser großzügig angeboten hat. Der Busfahrer wird richtig nervös: „Lass das, verdammt, mach die Schranke hoch, ich muss wenden." Der Soldat gibt klein bei, steigt aus und kurbelt den Balken hoch, der den Mann am Steuer bei seinem Routinemanöver behindert. Und da geschieht das Unglaubliche. Der Bus nimmt nicht die übliche Kurve, sondern fährt stracks auf den jugoslawischen Grenzposten zu. Die Grenzer merken, was Sache ist, sie eröffnen das Feuer. Sie schießen weiter, als der Bus durchs Niemandsland fährt. Noch schärfer. Selbst als er in das andere Land einfährt (was im Nachhinein

festgestellt werden wird). Die Heckscheiben splittern. Inzwischen taucht der eigentliche Linienbus mit dem Gros der Kandidaten für den Kleinen Grenzverkehr auf. „Der ist aus Rumänien abgehauen", sagen die Serben und schütten sich aus vor Lachen, „die brüsten sich mit ihrer strengen Wache, sie hätten ihre Leute im Käfig, aber dieser hat sie verarscht." Aus den Innereien des Busses kriechen weitere acht Leute.
Ioan Popa ist Fahrer des Fuhrparks Autobaza 1 in Arad. Er hat mit ein paar Kollegen (Fahrer, Mechaniker, Lackierer plus ein Freund, der ihnen die Haare schneidet) den Entschluss gefasst, aus Rumänien abzuhauen. Sie haben die Schnauze voll von Ceaușescu. Ihr Handwerk ist auch sonst wo gefragt. Etwa in der BRD. Umsonst kommen die alle auf jugolawisches Gebiet, der Bürgermeister von Großsanktnikolaus, der Milizkommandant, der Kommandant des Grenzerbataillons. Sie werden mit dem Bus zurückkehren. Aber nicht mit den Leuten. Die Leute, diese acht – neun mitsamt dem Fahrer – werden nach Cioka gebracht, das ist ein Grenzlager wie das im rumänischen Hatzfeld, aber jugoslawischer Art. Eine warme Stube. Essen, Zigaretten. Die Ermittler kommen. Lachen. Wundern sich. „Ihr werden 25 Tage Knast absitzen. Dann kommt ihr in den Westen."
Es werden zwei Zastava der Polizei bereitgestellt, die sie nach Zrenianin bringen. Gegen zwei Uhr sind sie dort. Es ist ein Transitlager. Die Tage vergehen. Ausgang, warmes Wasser, optimistische Gespräche. Verhöre, Fingerabdrücke.
Am neunten Tag (dem 21. oder dem 22.?) taucht ge-

gen halb zwölf ein Typ auf: „Packen", sagt er, „los, ihr kommt nach Belgrad, ihr habt's geschafft!" Da ist in der Tat der Kleintransporter, „wir fesseln euch zu zweit mit Handschellen, nicht erschrecken, es ist eine Vorsichtsmaßnahme, vorgeschrieben". Recht viele Polizisten, um die acht. Hm.

„Die wollen sichergehen, dass wir nicht nach Rumänien zurückkehren." Die Scheiben sind blindgestrichen. In einer Stunde sind sie 80 Kilometer gesaust. Da merkt Popa, dass es die falsche Richtung ist. Durch die Ritzen „lesen" sie auch die beiden Dacias, eine rot, die andere grau. „Die haben uns zurückgebracht, verfickt nochmal." Im Rückwärtsgang bis zum Grenzstreifen. Die neun Leute geraten in ein Spalier von Uniformierten, jeder mit Hund. Der Oberst befiehlt: „Wenn sich einer rührt, wird geschossen." Hatzfeld also. „Ihr Serben, dass euch doch der Teufel hole." Nach und nach werden sie dem Vaterland zugeschoben. Mit Füßen, mit Fäusten, mit einschlägigen Sprüchen: „Wohin wolltet ihr abhauen, ihr Hurensöhne?! Jetzt gibt's den Nachtisch ..." Und immer drauf, Schlag auf Schlag. Beim Bataillon werden sie mit verrostetem Draht gefesselt. Es beginnt die Prügelei mit Holzscheiten. Der Arzt, ein Hauptmann, umsorgt sie, „wenn sie euch was brechen, kümmere ich mich, dafür werde ich bezahlt, euch zu behandeln".

Noch ein Kleintransporter, weitere Fesseln aus Draht, der eigentlich zum Bündeln der reichen Ernte bestimmt war. „Auf die Knie, ihr Schweine, ihr Verräter. Gesicht zur Wand. Zu-rrr Wand, hab ich gesagt!" Schlag auf Schlag. Der Oberleutnant nimmt Aussagen auf. Ion

Popa weigert sich zu reden. „Geh hinaus, mein Junge, zur Abkühlung. Geh, schüttel den Teppich und leer den Aschenbecher." Draußen hat es die ganze Mannschaft auf ihn abgesehen. Dann doch lieber drinnen. „Ich soll dich geschlagen haben, Popică, ich dir was getan haben?" Ein weiterer Kleintransporter. Temeswar. Bei der Miliz will der Chef des Arrests sie nicht aufnehmen, „die krepieren, ich nehm sie nicht, ich lad mir die nicht auf, der Gerichtsarzt soll kommen". Der Gerichtsarzt kommt und sagt, so etwas habe er noch nie gesehen. Nein, er ist nicht einverstanden mit der Aufnahme.

Wieder der kleine Kleintransporter. Bei der Militärstaatsanwaltschaft, auf dem Korridor. Im Zuchthaus. Der Gefängniskommandant will sie nicht ohne Arrestbefehl, schriftliches Urteil und schon gar nicht in diesem Zustand aufnehmen. Aber er kommt nicht drum rum, „Weisungsakte". Sie geraten in die Fänge eines Oberfeldwebels, des Knastschreckens. Die ganze Nacht hindurch liest je einer aus dem Strafgesetzbuch vor, die anderen hören zu. „Lauter", brüllt der Wachmann, wenn sich Schläfrigkeit in die Stimme des Vorlesers schleicht.

Kurioserweise folgt auf diese Leseübung der schöne Teil. Alle erfreuen sich trotz der Weisungen in der Akte an dem intelligenten Streich, den sich diese Jungs erlaubt haben, und setzen sich gleichsam zu ihrem Schutz ein. Obwohl sie in der Akte als politisch eingestuft sind, lassen die Oberen des Gefängnisses sie zur Arbeit zu, wo die Zeit schneller vergeht und man auch noch ein Kleingeld verdient. Sie arbeiten auf dem Bau, gießen Betonplatten in der Calea Girocului. Zwei aus der Truppe kommen frei – der eine, damit er nicht im Bau krepiert, der andere, weil er minderjährig ist.

Durch die Verlegung nach Bukarest, Rahova, geraten sie in die Gesellschaft der besseren Häftlinge. Die Sonderabteilung umfasst die Politischen, die Todeskandidaten, die Ausländer. Hier lernt Ioan Popa den Parteisekretär des Sektors 6 kennen, dieser Bălăticā hat mit dem Weinkönig Ştefănescu gemeinsame Sache gemacht, den Handelschef der Traktorenwerke, den Cugler, der für das Porzellan geradestehen muss, das Ceauşescu in den Beziehungen zu Iran zerschlagen hat, den General Luchian, einen ehemaligen Mitarbeiter des republikflüchtigen Geheimdienstlers Pacepa. Ardelean, ehemals Direktor der Lebensmittelläden, wird ihnen erzählen, wie das Zentralkomitee der Partei den Hals nicht vollkriegt. Wie Geistererscheinungen ziehen der Priester Calciu und der Dr. Canā fern an ihnen vorbei, die einer Sonderbehandlung unterworfen sind.

Die Ermittlungen gehen auch nach dem Prozess weiter. Was habt ihr gesehen. Wer hatte die Idee.

Drastisches Urteil: sechs Jahre. Dazu Bußgeld für die Zerstörung einer eingebildeten, Kosten für den Nachbau der durchbrochenen Schranke. Für die 14 036 Lei, die I. P. zu zahlen hat. Damit uns niemand mehr aus dem Landesinneren angreift.

Aiud. Wieder Sonderabteilung. Aber die zur Wache Bestellten freuen sich. „Wie zum Teufel habt ihr das bloß gemacht, Leute?" Hier ist auch der berühmte Raubmörder Sîrcă, in Würde gealtert, ein guter Kenner der Gesetze. Die Gierschlünde, die Lüstlinge ergeben sich seiner unersättlichen sexuellen Perversion. Von seinen Kumpanen sind viele draußen. Sie haben ihn nicht mehr besucht, obwohl sie eng befreundet gewesen sind.

„Hol sie der Teufel, denen geht es zu gut."

Es gibt Krankheiten, die einen stärker machen

> „Es geht hier nicht um Wahn im strengen Wortsinn, sondern um einen nicht nachlassenden Zwang, eine Idee entgegen aller Evidenz hochzuhalten."
> (Petre Brânzei, Aurelia Sîrbu, Psychiatrie)

Da gibt es das Individuum B, einem Individuum A nicht eingeschlossen, sondern entgegengesetzt.
Sie wohnen Tür an Tür. Sie lächeln sich zu, wenn sie sich im Treppenhaus begegnen. Sie tauschen banale Bemerkungen über das Wetter, die Kinder, den Fußball aus. Die Nachbarn verwechseln sie manchmal. Dasselbe Gehabe, ähnliche Stimmen, derselbe Gang. Dennoch gibt es große Unterschiede zwischen den beiden, aber wer bemerkt das schon?
Da gibt es (noch) einen allespenetrierenden Gott, gemein und psychoanalytisch. Ihm sind die beiden zur Beobachtung zugeteilt. Gott hat natürlich das göttliche Instrumentarium: zum Gedankenlesen, zum Durchschau-

en von Verhaltensweisen, Gefühlsregungen usw. Seine lehrbuchgerechten Schlussfolgerungen werden hier nicht festgehalten. Wir lassen sie ziehen – in Gottes Namen. 18. Dezember 1989, Timişoara, Piaţa Catedralei. B, in einer Jacke wie aus einem Film vom Typ „Kommando" (mit zum Ergötzen der Zuschauer gewölbtem Brustkorb), die linke Augenbraue im Sinne der Gerechtigkeit und Wachsamkeit hochgezogen (siehe Seppuku, Kobayashi, 1963), B also, flankiert von zwei Jungs in irgendwelchen Uniformen, die ihre Kalaschnikows für die Sicherheit des Volkes baumeln lassen, dieser B also pflanzt sich herrisch und herausfordernd vor drei Personen auf, die schwatzend auf einer Bank sitzen, wobei die zugehörigen Milchbärte über ihren baumelnden Maschinenpistolen grinsen, weil doch die Sitzenden jetzt gleich zu zittern beginnen, der Verzweiflung anheimfallen werden als Scheißzivilisten, die sie sind, und in der Tat spricht B die irregulär versammelte Gruppe mit der erwarteten Resolutheit an und fordert imperativ deren Zerstreuung und Ortswechsel. Und da erkennt B jenseits der monotonen Abstraktion der Gesichter zu seiner Überraschung A, verfällt in einen etwas lockereren Ton, bleibt aber bestimmt: „Nachbar, das ist kein Spaß, haut ab, sonst ..." In der reinen Luft des frühlingshaften Winters scheinen sich die beiden gegenseitig zu spiegeln. A erkennt die löwenhafte Entschlossenheit in den Augen und auf der Stirn des anderen. B wundert und erfreut sich daran, wie das Fischmaul von A nach Luft und nach Wörtern schnappt. Schließlich, just in dem Augenblick, als der peinliche Magnetismus sich löst, kehrt die Gabe

des Redens auf die ohnmächtig verzerrten Lippen zurück: „Wir werden sehen."
20. Dezember 1989. In der Küche hört A mit maximaler Lautstärke Radio Europa Liberă. Auftritt B – kleinlaut, weidwund. „Was sagen die?" „Dass die Bruchbude den Bach runtergeht." „Echt?" A holt Schnaps. Sie trinken sich einen an. Jeder bleibt bei seiner Partitur. A, ganz der visionäre Storch, spricht von einem wunderbaren Rumänien nach Ceaușescu. B stöhnt über die Blödheit der Leute auf den Panzerfahrzeugen, die sich in den Mechanischen Werken haben beeindrucken lassen, als die Arbeiter ihnen mit Brot und Wurst entgegengekommen sind; hier wird der Wahnsinn nicht enden, es wird Explosionen, Morde, Racheakte, Chaos geben. Ob das Getränk die Virulenz dieses Duells mildert? Paradoxerweise würden diese beiden Männer, ein jeder streng seiner Meinung verhaftet, bei einem zerstreuten Beobachter den Eindruck erwecken, dass sie sich blendend verstehen. Zumal die Ähnlichkeit den Gedanken nahelegt, sie seien Brüder.
„Streitbar, er gibt nicht auf, Hindernisse bestärken ihn nur. Egozentrisch, eitel, er hat immer recht." (dieselbe Quelle)
Monatelang streift B (scheinbar) ziellos durch die Gassen, ihm tut jede Versammlung, jede Zeitung, die Schlagzeilen drischt, in der Seele weh. Er wird sich wieder einkriegen. Er wird die Parteidokumente mit den Aufrufen und den Warnungen im Blatt des Conu Jenică ersetzen, die von ihm selbst stammen könnten. Er spürt, dass er dieser eigensinnigen Stute, die da Leben heißt, wieder die

Schenkel öffnen kann. Wenn er A wieder trifft, den die Wirklichkeit verraten und die Verblüffung überwältigt hat, wird er ihm väterlich mit erhobenem Zeigefinger drohen, während der stammeln wird, es laufe alles auf „die ewige Fortsetzung seiner Leiden" hinaus.
Lehrsätze zur Klärung des Problems. B „projiziert die inneren Konflikte auf die reale Außenwelt, er versucht nicht, den Konflikt zu lösen, indem er sich (wie A) in einen autistischen Lebenswandel flüchtet, sondern indem er die peinlichen Zwänge auf andere Personen überträgt" (P. Brânzei, a. a. O.).
Wir müssen allerdings feststellen, dass die Wahrheit im Einzelnen vielschichtiger ist.

(Noch) Ein bekümmerter Mensch

Ich hab noch einen Monat, dann krieg ich Hepatitis. Wie's der Teufel will, treff ich morgens den Emil. Wir gehen ins Central einen trinken. Sie haben nur sauren Wein. Da ist einer, der schaut aus wie ein geprügelter Hund, und der schielt dauernd zu uns herüber. Schließlich kommen wir ins Gespräch.
„Es war Sonntag, ich war später aufgestanden. Ich wohnte zur Untermiete auf der Aprodul Movilă, am Eisenbahnerstadion. Ich taperte durch die Wohnung, frühstückte allein. Und machte mich, ebenso allein, ins Stadtzentrum auf. Ich hatte vor, ins Kino zu gehen, ins Timiș oder ins Capitol. Es dürfte so halb sechs gewesen sein. Da stimmte ich ein in das Gebrüll der Andern. Das große Geschäft war aufgebrochen worden. Die Zigeuner schleppten Kleider heraus. Als die zu schießen begannen, warf ich mich auf den Bauch. Neben mir lag eine Frau. Sie war tot."
Marian Vătămanu, geboren in Buruienești-Neamț, Maurer, bei COMTIM als Tagelöhner eingesetzt, kam an jenem 17. Dezember 1989 nicht mehr ins Kino. Er

wurde von einem Oberleutnant festgenommen, mit Stacheldraht gefesselt und mit vielen anderen in einen Kleintransporter bugsiert. Die Verhöre im Gefängnis Popa Şapcă fanden in aller Ausführlichkeit statt – Prügel, Flüche, Drohungen.

„Du kommst aus der Moldau, aus der Fotz' deiner Mutter, und brüllst hier herum von wegen Freiheit? Lass mal, die Freiheit geben wir euch, ihr kommt auch in zwanzig Jahren nicht mehr aus dem Bau." „Sie schlagen mich umsonst, Herr Hauptmann, der Ceauşescu stirbt eh."

Wir bestellen noch einen Wein. Scheint es uns nur so, oder treibt sich der Kellner absichtlich in unserer Nähe herum? Nun, sie sind halt darauf dressiert.

In den vier dort zugebrachten Tagen hat Marian Freunde gewonnen. Die gemeinen Strafgefangenen haben ihm Zigaretten in einer Plastiktüte geschickt. Vor lauter Ekel hat er nichts gegessen, weder Fischsuppe noch gesalzenes Kraut. Am Mittwoch, dem 20., ist einer in Zivil aufgetaucht, der hat ihre Fälle revidiert. „Kommt in ein paar Tagen und holt eure Papiere ab." Gegen elf Uhr nachts haben sie und der Fahrer des Transporters plötzlich allein an der Strumpffabrik gestanden. Die Wachleute waren abgehauen.

Aus Angst ist er nach Hause geflüchtet, in die Moldau. Am 10. Januar ist er wiedergekommen. Hat sein Herz in die Hand genommen und ist in die Strada Popa Şapcă gegangen, seine Papiere abholen. „Die soll dir der geben, wo dich verhaftet hat", hat ein Oberfeldwebel gesagt, „du suchst umsonst, die sind verbrannt." Sie haben ihn vom einen zum andern geschickt, er ist umsonst herumgelaufen.

„Ist halt so", dabei beugt sich Marian ganz nahe an mein Ohr, lässt aber die angelehnte Tür zur Küche nicht aus den Augen, „schlimmer könnte es gar nicht sein; ich komm aus der Moldau, bin nur Tagelöhner und dazu noch ziemlich blöd." „Blöd bist du überhaupt nicht", gebe ich zurück, kippe den widerlichen Wein hinunter und ahne nicht, dass ich noch vor Monatsfrist auf einem der Betten in der Pădurea Verde liegen werde.

Repräsentatives Verbrechen

Für Gabriel und Șerban

Sie waren in der Mehrzahl Leute, die im Plattenbau wohnten, in den „schlechten" Vierteln der Stadt. Leute vom Lande: Petru Hațegan aus Gătaia, Constantin Iosub aus Kischoda, Dumitru Osman aus Sadova. Intellektuelle (?) – der Musiklehrer Csiszmarik, der Student Munteanu. Viele Banater. Ein Moldauer (Silviu Motohon). Ein Siebenbürger, der die Aufnahmeprüfung zur Hochschule bestanden hatte (Dorin Munteanu aus Broos). Ein Oltenier auf Arbeit (Osman). Neben den Rumänen Deutsche (Sporer), Ungarn (Balogh, Cziszmarik). Einige Minderheitler hatten rumänische Frauen oder Freundinnen. Das Alter, in dem sie mit allem abgeschlossen haben, verleitet zu billigen Spekulationen: zwischen 33 Jahren bei Sporer und Florica Sava bis zu 18 Jahren bei Iosub. Wie, wo und wann sie gestorben sind? Jeder und jede hat seine kleine Geschichte.
Der Mann der Frau Ciobanu war auf den Balkon getreten, um zu sehen, wie die Konditorei gegenüber brannte. Constantin Iosub war unterwegs zur Kathedrale, um sich

Weihnachtslieder anzuhören. Florica Sava kehrte mit ihrem Sohn von einem Besuch bei ihrer Schwägerin zurück, als sie auf jenen weißen Geländewagen Typ ARO trafen. Ebenso nach Hause, allerdings erst gegen zehn, kamen Balogh Pavel und die Seinen; wo die Straßen Reşiţa und Platanilor zusammentreffen, wurde Automatenfeuer eröffnet. Eine einzige Kugel reichte. Nicolae Ovidiu Munteanu redete mit zwei Kommilitonen vor einem Studentenwohnheim. Zu ihm und einem Zweiten kam der Tod auf einem Panzerfahrzeug. Dem Dritten wurde der Unterarm abgetrennt. Ebenfalls ein ARO (derselbe?) brachte auch Rudolf Sporer das Ende. Nachdem er aus der Stadt heimgekehrt war, hielt es ihn gegen halb neun nicht mehr im Haus, als er hörte, dass die Protestierenden die Calea Lipovei erreicht hatten. Etwa am selben Ort, bei den Ampeln an der Strada Ialomiţa, allerdings ein Uhr Nachts, sank Silviu Mohon nieder. Petru Haţegan steigt an der Haltestelle Gătaia in den Zug nach Temeswar; kaum ist er hier angekommen, wird er um 18 Uhr auf der Piaţa Operei erschossen. Maria Andrei verlässt das Haus mit einem Nachbarn. Gegen zehn Uhr abends, nachdem sie bei den Studentenwohnheimen mitdemonstriert haben, trifft sie auf der Brücke Decebal eine Kugel in den Kopf. Constantin Zabulică bekommt um 14 Uhr Besuch von einem Freund, der ihm erzählt, was in der Stadt los ist. In fünf Minuten ist er angezogen und zieht los. „Er zog los, und weg war er", wird seine Frau sagen, „denn seither habe ich ihn nicht mehr gesehen." Der Tod ereilt ihn vor der Apotheke beim Entbindungsheim auf der Strada Odobescu.

Auf das bange Warten folgte die Suche nach den Getöteten. Alle Spuren führten zum Kreiskrankenhaus, aus dessen Nähe die Trauernden von vierschrötigen Kerlen mit Maschinenpistolen im Anschlag verjagt wurden. Ciobanu, Ion Stanciu, Zabulică, Balogh wurden von den Gattinnen gesucht, Sporer und Motohon von den Geliebten, Florica Sava von ihrem Mann, Belehuz und Maria Andrei von ihren Schwestern, Iosub von seiner Mutter, Osman von seinem Vater, Ovidiu Munteanu vom 18. bis zum 22. Dezember von seiner Mutter, am 26. und 27. Dezember von seiner Schwester, im Januar von seiner Frau, „Umsonst habe ich versucht, seinen Leichnam herauszubekommen", wird Frau Csiszmarik schreiben. (Der Verfasser dieser Zeilen erinnert sich, dass er das schöne Ehepaar Cs. oft vor der Sternwarte oder in dem Park an der Piaţa Crucii getroffen hat.)
Auch nach dem 22. wurden sie nicht wirklich fündig. Von Maria Anghel war nur ein Personalausweis übrig, der am 6. Januar entdeckt wurde. Erst am 28. Januar fanden sich im Lager des Kreiskrankenhauses die Jacke und die Turnschuhe von Motohon, über und über blutversprizt. Dank der Achtsamkeit einer Assistentin namens Buruiană erhielt Zabulicăs Frau den Schmuck und die Kleider ihres Mannes in einem Kissenüberzug zurück.
Sie hinterließen auch noch: drei Minderjährige zwischen vier und zehn Jahren (Ştefan Ferkel Şuteu), einen vierzehnjährigen Jungen und ein zwölfjähriges Mädchen (Florica Sava), einen Jungen im Vorschulalter (Zabulică), ein einmonatiges Baby (Munteanu).
Der Meistgehasste liebte das Kriterium der Verhältnismä-

ßigkeit im gesellschaftlich-politischen Leben. Der Zufall hat ihm so ziemlich gehorcht.

Das ist noch zu sagen über die Vierzig, die am 17. Dezember 1989 in Temeswar zu Leichen und dann zu Asche verwandelt worden sind, die man in die Kanäle am Rande der Hauptstadt gestreut hat.

Teregova – Kentucky

Gefütterte Jeans. Schwerer Pullover. Klobiges Schuhwerk mit Doppelsohle. Er ist aus Teregova. Ich sage ihm, dass mein Vater aus Jablanica ist. Könnte sich ja freuen über den Zufall, sie sind Nachbarn. Er hat keine Ahnung, dass ein Landsmann, Nicu Popa, von einem Beistrich spricht, „verächtlich gesetzt von dem Texas deines Hinterns". Bauer bleibt Bauer. Adriana raunt mir zu, er werde uns nach so viel Stille die Ohren volllabern mit Geschichten. Ich gebe ihr Recht, ohne etwas zu unternehmen. Als ich gedankenverloren den Mund aufmache, reden wir praktisch über dieselben Dinge. Wir sind rüber zu den Serben, wir hatten etwas abgesprochen in Maribor, wir sind ins Lager Traiskirchen gelangt. Und als LKW-Fahrer, wie ist das mit der Fahrerei? Na, vom Militär, viele sagen, das Militär ist dies oder jenes, aber Beruf ist Beruf. Das Problem ist jetzt ein anderes. Was soll ich tun, ich bin alt, das Englische geht mir nicht in den Kopf, ich bin 52. Ist ja noch kein Alter. Aber beim Militär. Lass das Militär, schlimmer war es danach, immer im Wald und auf Baustellen. Und die Frauen machen das auch nicht mit (zwei haben mich verlassen). Wieso denn? Fragt mich nicht so 'n Quatsch, ein Weib ist ein Weib, ist halt so. Na ja, die Kinder sind eine Verbindung, sie gewöhnen sich dann auch an die Abwesenheit des Mannes, ja es passt ihnen sogar, sie jammern zwar und machen, wie soll ich sagen, auf Opfer – wollen sie denn alte Jungfern bleiben? Keine Rede. Er vermischt alles, bringt alles durcheinander. Ist halt so, lass gut sein, Mann. Die beiden Jungs aus Bacău solltest du sehn, halb so alt wie ich, da sag noch einer, der Moldauer kommt nicht zurecht. Ja, wie gesagt, 52 bin ich, sie in der Hälfte, also beide zusammen so alt wie ich, denen geht der Mund schneller, darum sind sie Taxifahrer in Los Angeles. Hab ich dir doch gesagt, beim Militär habe ich fahren gelernt. Er palavert über Militär und Autofahren, und mir fällt der Traktorist ein, der Firobuz fuhr (so heißt ein Trolleybus in Temeswar, weil italienische Meister ihn gebaut haben). Der Traktorist ist in Gesellschaft seiner Frau, einer Kusine aus der Stadt und des Töchterleins, das die Aufnahmeprüfung aufs Wirtschaftsgymnasium verpatzt hat, er will den Frauen Laune machen, sieht ein Fahrschulauto, das sich am Firobuz vorbeistehlen will, schiebt mit einer typischen Handbewegung den Hut nach hinten und brüllt richtiggehend belustigt, dass alle Firofahrgäste auf der Plattform es hören: „Na, du Anfänger, wo bleibt dein Mumm!" Als sich die andern aber bedeckt halten, also nicht mitmachen, reißt er noch ein paar Witze unter den missbilligenden Blicken des von ihm abhängigen weiblichen Teils, dann verfällt er unvermittelt in Dämmer. Und so, indem ich mich von einem Einfall zum andern hangele, fallen mir die beiden Galatzerinnen ein, die sich in Temeswar darüber echauffierten, dass die Krapfen hier Langoschs heißen, also Langoschen, sagten sie im Sinne der Reinheit der Sprache und der Produkte, wie das schon klingt, wie das schon klingt, und so, von einer Galatzerin zur anderen Galatzerin komme ich zur dritten, dem Riesenweib des Fotografen, sie aß etwas viel, trank aber Wein in Maßen und sagte mir zwischen zwei Schluck (wir befinden uns in Klausenburg – schöne Vorwegnahme der Machtergreifung des nationalistischen Bürgermeisters Funar), es sei allerhand, was da gebaut werde an großkotzigen ungarischen Häusern. Und was ist mit den Griechen und den Türken bei euch, kann ich gerade noch sagen, ehe mich der Schluckauf packt. Auch jetzt habe ich Schluckauf, im Zug nach Wien, zwar habe ich neues Schuhwerk, aber es ist etwas dünn, zwar ist es schon März, aber noch kalt für die Jahreszeit. Ihm ist Galatz egal, an ihm nagt dieses Bacău. Um abzulenken (es wäre nicht gut, auf Galatz herumzureiten, sonst könnte noch einer kommen, der sagt, wir hätten einen Narren gefressen an dieser „roten Stadt", die gar nicht rot ist, ihr verdammten Temeswarer, euretwegen nämlich), erinnern wir uns an die Frau jugendlichen Aussehens, mit der du am Ausgang des Aquariums in Konstanza geplaudert hast, während ihr auf eure Sprösslinge wartetet, sie stammte aus einer Vorstadt von Temeswar und war zu Besuch bei den Schwiegereltern, sie hatte denen ganz tolle Musik aufgelegt, aber die hatten nix hören wollen, denn ihnen gefalle nur die aus der Oltenia und Dobrudscha, eben Muntenia, versuchst du zu verbessern, Katz wie Mietz, sagt das Mädel, das zur Frau geworden ist, und spielt dir, bis die Kleinen herauskommen, das Lieblingsstück vor, in dem sich eine Junge mit gequetschten Eiern die Seele aus dem Leib quengelt über die Liebe und den Tod. Ihm ist auch Konstanza egal. Was kann ich dafür, dass ich alt bin und mein Mundwerk es nicht mehr tut – umsonst bin ich weg, bevor der Ceaușescu hopsging, ich komm nicht voran, nix zu machen. Ja, ja, Fahrer seit dem Militär, die Frauen haben sich dran gewöhnt oder auch nicht, die letzte hat sich darüber aufgeregt, dass sie ihn, beinahe einen Greis, noch einberufen und an den Kanal geschickt haben, den sich der Diktator als Denkmal bauen wollte, weit weg von zu Hause, und sie mit seinen Kindern, ihren Kindern von früher und ihren gemeinsamen Kindern – hihi – allein geblieben ist, während er mit all den faulen Säcken – sie hatte es satt. Wie er selbst es auch satt hatte, die Frau, das Gezänk, die Misere am Kanal, da nimmt man sich besser die Welt an den Hals. Es war nicht der erste Versuch, fünf Jahre zuvor hatten sie ihn erwischt, weil er die Orientierung verloren hatte, er war über die Donau aus Orschowa nach Orschowa geraten, hihi. Das Ufer ist halt trügerisch, weißt du, und es gab ein Jahr Gefängnis. Glaub ja nicht, Amerika ist das Paradies, weit davon entfernt ist es aber auch nicht. Ich bin resident, na, was sagst du? Wenn dieser lahme Kopf nicht wäre, hätte ich auch einen besseren Job, es ist was anderes, wenn man die Sprache spricht, was wollt ihr, mit 52 seid ihr auch nicht mehr jung. Arbeitslos sind bei den Amerikanern nur die Faulpelze und die Hallodris. Er hat keine Angst, wann immer findet er einen Job, wenn auch keinen so guten wie die beiden aus Bacău. Er hat auf Trucks gearbeitet, auf den ganz langen, die gar nicht aufhören, und das wird er auch weiterhin. Zwei-, dreimal im Monat Los Angeles – New York, hin und zurück, also vom Pazifik zum Atlantik und wieder zurück. Ein harter Hund, der spanische Boss, er zwiebelt einen, aber er bezahlt einen auch, am Steuer wechselt man sich ab mit Puertoricanern, Mexikanern, manchmal auch Thailändern. Die Route hat er im Blut. Arizona New Mexico Oklahoma Missouri Kentucky usw. He, wenn er die Sprache könnte, würde er auch mehr herumkommen in Los Angeles, wie die Jungs aus der Moldau. Wenn du aber alt bist und nicht den erhofften Job kriegst, wieso gehst du dann zurück? Frag nicht so kindisch, Menschenskind! Bei denen, bei den Amerikanern, da ist Freiheit noch Freiheit und das Leben sehr gut, auch noch für den Mann ganz unten. (Er summt ein Liedchen.) Es macht ihm nichts aus, dass er sein Zimmerchen in einem Vorort von Los Angeles mit zwei Milchbärten teilen muss, wo er eigentlich bei seiner Familie sein und sich um seine Enkel kümmern sollte. Manchmal, ja, da kommt er angesäuselt gegen Morgen nach Hause (selten, ich kann mir keine großen Sprünge leisten, schade auch ums Geld), mit 52 muss man außerdem vorsichtig sein mit den Gelenken, aber dann macht er seine Witzchen und albert herum zum Spaß der Jungs, stellt etwa nach, wie er sich neben den harmlosen Vagabunden legt, der an die Mülltonne gelehnt am Eingang zur U-Bahn schläft. Dann bin ich wieder eine oder zwei Wochen stumm, mach meinen Job, konzentriere mich, die Sprache kann ich ja sowieso nicht, ich schweige tagelang, nur hin und wieder ein Zeichen hin zum Partner, also zu dem, mit dem ich unterwegs bin. War es denn nicht besser in Teregova? Lass gut sein mit Teregova. Dessen Zeit kommt noch, wenn ich nicht mehr kann. Meinen Leuten dort habe ich die Taschen gefüllt mit Geld, ich habe ihnen einen Traktor gekauft und Geld auch für andere Sachen gegeben, einen Kessel zum Schnapsbrennen, Hochzeiten, Anzahlung fürs Haus, Rasseschafe, Heuwiese am Wald (so hatte er seine lange Abwesenheit auszugleichen versucht). So gesund sollst du sein, wie die wohlhabend geworden sind durch mich. Er hat den ältesten Sohn, der nach Karansebesch pendelt, mitnehmen wollen, aber der hat nicht den Mumm. Er hat auch verlieren gelernt: In Reschitza auf dem Markt hat er den getroffen, dem er 3000 Dollar geborgt hat: Er hat ihn sehr, sehr lange angesehen, aber nichts gesagt. Entschuldigung, der Käse aus Teregova im Gepäcknetz, der ist vielleicht etwas scharf und steigt in die Nase, ich bringe ihn einem Freund, der am Prater wohnt, ich bleibe einen Monat bei ihm, um meinen Job hab ich keine Angst, ich finde schon einen anderen, das Elend ist nur, dass ich diese wirre Sprache nicht mehr lernen kann, es könnte mir noch besser gehen.

Elastisch steigt er in Wien Westbahnhof aus dem Zug, die Tasche mit dem Käse hat er nicht vergessen.

Wiener Fälschung

Wien – Herkulesbad – Instanbul

1798. Durch Herkulesbad, das Tor Europas zum Orient, zogen in beide Richtungen Boten mit wachsamem Auge, Spione in diplomatischen Diensten, geheimnisvolle Frauen, zum türkischen Islam übergetretene Christen, getaufte Tataren.
Die hochgewachsene Dame aus Wien reiste in einer prachtvollen Kalesche, gezogen von vier riesigen Rossen, die sich gar forsch ins Zeug legten. Es war eine richtige Wohnung auf Rädern, mit Schlafzimmer, Küche, Speisezimmer, Vorratskammer, *alles in Ordnung*.* Den Zoll zahlte sie mit neuen Scheinen und erhielt die entsprechende *Quittung*. Der Knecht in der Uniform eines Tiroler *Jägers* ließ sie nicht aus den Augen, sie stieg im *Lust-Haus* ab, der *Jäger* stets hinterher. Wenn die Aussage des *Feldkaplans* stimmt, trat sie hinter einer *Spanischen Wand* hervor, während ihre Tunika zu Boden glitt, und stand in blendender Nacktheit da, getrübt nur von dem Wundmal an der linken Brust, eigentlich einem Leber-

---

* Kursiv gedruckte Stellen sind im rumänischen Original deutsch zitiert, zum Teil mit Abwandlungen.

fleck. Die hohe Dame sandte ihren *Jäger* mit einem in osmanischem Türkisch abgefassten Brief an Pasmangi Oglu Efendi, den sie darauf in der Tat auch traf in der kleinen Festung jenseits des Höhenzuges der Palanka, wie Hauptmann Hönig dem *Generalprinzen* Lotringen melden sollte. Morgens besuchte sie die Badeanstalt, ertrug allerdings die Schwefeldünste kaum, so dass sie hin und wieder eine Prise Afion nahm, das sie stärkte und aufheiterte. Erst als sie sich längst nach Wien zurückgezogen hatte, erfuhr jener Priester zu seiner Verblüffung, dass er einer *Hofdame*, der Frau des kaiserlich-königlichen *ausverthigen* Ministers Schütz, gegenübergestanden hatte.

*

1953. Der Bahnhof Herkulesbad. Wir haben kaum Platz im Fiaker. Ich weiß nicht mehr, wer mich im Arm gehalten hat. Im letzten Moment hockt sich eine Erscheinung auf das Trittbrett, von der ich kein Auge wenden werde, eine Vettel mit verschrumpeltem Gesicht, unter dem Zylinder schaut die verrutschte Perücke hervor, sie trägt Männerkleidung und Pantoffeln. Die Leute nennen sie Lăzărică, Großvater spricht von der Kaste der Verschnittenen, der türkische Kutscher flucht auf Deutsch („*Mords Sapperment*") und schwingt die Peitsche. Als wir absteigen, zeigt uns der Großvater das Kaffeehaus, wo er eine ganze Nacht mit der Sekretärin von Theohari Georgescu hat zubringen müssen, um den Onkel freizubekommen, der „komprimiert" worden war. Mutter murmelt so, dass man sie nicht hört, aber versteht, was sie meint, es sei ja kein großes Ding, eine ganze Nacht Champagner aus dem Schuh einer Dirne zu trinken, die flunkert, sie sei in den Diensten des großen Zampano von der Partei.

Wir gehen zur Räuberhöhle, zur *Domkirche*, essen Wurst auf einer Bank und warten auf die Abfahrt des Zuges. Auf der kurzen Rückreise wird der Großvater vom Leder ziehen – Lăzărică, das uneheliche Kind eines Pfeffersacks von der Insel Ada-Kaleh, soll seine Jugend in Harems in Istanbul und Freudenhäusern (was das wohl sind?) in Wien zugebracht haben, im Alter jedoch hat es ihn wieder hierher gezogen, auf halbem Weg zwischen den beiden Städten, wo die Truppen der kaiserlichen *kommandierenden Generäle* auf Leben und Tod *Sturm* rannten gegen die Unmenschen, häufig unterstützt von den Haufen irgendeines lokalen Harambaschas; dorthin, wohin seine Ader mit dem verdorbenen Blut eines Vîrlă, einer Mileva, eines Agasîn ihn unwiderstehlich hintrieb. „Im Leben nie ist der mit seinem Weiberhintern auf den Sesseln des Herkulesbades herumgerutscht", wird Großmutter dagegenhalten und damit meinem wirren Impuls, von zu Hause abzuhauen, ein Ende setzen.

*

Wien, Februar 1934. Generalstreik. Die Armee richtet ihre *Kanonen* auf die Häuser der Arbeiter. Der Schriftsteller ist zwar in der Stadt, aber er sieht und hört nichts. Er schlussfolgert, moderne Revolutionen fänden nur an einigen sehr wenigen Punkten der modernen Metropole statt und blieben den meisten Bewohnern völlig unbekannt.

*

Temeswar, die Nacht vom 21. zum 22. Dezember 1989. Vor Freude über die Nachrichten aus der Hauptstadt rufe ich meinen Freund in der Moldau an. Ich habe ihn geweckt. Er begreift nichts. Ich fühle mich schuldig, es ist mir peinlich. Macht nichts. Morgen werden wir eine Revolution im Fernsehen haben.

Kleine Bibliographie: Nicolae Stoica de Haţeg, Cronica Banatului; Stefan Zweig, Die Welt von gestern.

Dikasterialpalast

Er hat sich stets gewundert, dass ein großer Künstler wie Orson Welles bei der Verfilmung des „Prozesses" dermaßen kläglich hat versagen können. Schon dass er das Gericht im Gebäude eines Pariser Flughafens spielen ließ, war ein Missgriff.
Er glaubte an das besondere Geschick seiner Stadt. Da er sie so sehr liebte, hatte er auch ein Gespür für ihre Ungeheuerlichkeiten und übertrieb sie. Insgeheim und im Geiste hatte er schon lange einen Film in Angriff genommen, dem Kafkas Roman zugrunde lag. Die Dreharbeiten sollten im Dikasterialpalast mit seinen „im strengen Stil der Florentinischen Frührenaissance" (Mihai Opriș) gestalteten Fassaden und verfallenen, finsteren Innenräumen stattfinden. Mit der Recherche hatte er schon vor Jahren begonnen, am eigenen Leibe. Es war an einem Sonntag um die Mittagszeit. In dem Gebäudetrakt schien niemand sonst zu sein. Er befand sich auf der dritten Etage. Die Fenster hielt er geschlossen gegen die Schwüle draußen, deren Druck er dennoch spürte, weil er ihm leichte Sehstörungen und Atemnot

verursachte. Vom Gang drang das Plätschern des Wassers in der Spüle zu ihm herein. Er machte sich nicht die Mühe, nachzusehen.

Er tippte seine Abschlussarbeit. Sein Onkel, damals Büroangestellter einer Genossenschaft, hatte es ihm mit der Genehmigung seiner Oberen erlaubt. Unvermittelt und ohne anzuklopfen tauchte der Pförtner auf. In dessen Gesicht zeichnete sich eine schöne Verblüffung ab. Ohne ein Wort packte er seinen Arm und zog ihn hinter sich her, höflich, aber bestimmt. Gang um Gang ließen sie hinter sich. Sie gingen Treppen hinab, um dann ins Dachgeschoss hinaufzusteigen. Fast krochen sie auf allen Vieren. Vor einer niedrigen Tür blieben sie stehen. Endlich tat der Mensch den Mund auf: „Hören Sie?", und die Verblüffung in seinem Gesicht wurde um eine Nuance reicher. Er vernahm das Klappern Dutzender Schreibmaschinen, ein sehr beliebtes Musikstück. Der Pförtner zog einen Schlüssel hervor. In dem Raum war niemand. Auf dem nackten Betonfußboden standen oder besser lagen zuhauf schrottreife Schreibmaschinen, die unter den losen Akten kaum zu sehen waren. Ihm ging durch den Kopf: „Das habe ich schon irgendwo gelesen." Kaum hatten sie die Tür zugezogen, begann der rhythmische Lärm von neuem. „Ich bleibe noch", sagte der Pförtner, und sein Lächeln war beinahe schmerzlich, „ich hoffe, Sie kommen auch ohne mich zurecht."

Den Rückweg fand er leicht. In Rekordzeit stand er vor dem Büro, das er gerade verlassen hatte. Gekicher ließ ihn einen Augenblick auf der Schwelle innehalten. „Noch eine Wahnvorstellung", dachte er. Auf dem Tisch, an dem er gearbeitet hatte, trieb es der Pförtner mit einer Unbekannten. „Verdammt nochmal, sie haben meine Papiere ganz durcheinandergebracht." „Ich hoffe, du verpetzt mich nicht bei deinem Onkel. Im Übrigen bin ich Beamte vom Dienst, und während meiner Dienstzeit mache ich, was ich will", lachte ihm die Frau schamlos ins Gesicht. Er konnte seine Augen nicht von ihren prallen Schenkeln wenden, die noch bebten.

Er ging seiner Arbeit nach, ohne sie weiter zu beachten, obwohl sie ihn in einem fort mit billigen Ferkeleien provozierten. Irgendwann taten sie beleidigt, nahmen ihre Siebensachen und überließen ihn seinem Schicksal. Es waren natürlich mehrere Stunden vergangen, aber die Zeit hatte sich um die Mittagsstunde festgefahren. Im Schlaf hörte er den ersten Schrei und ließ sich auch von den weiteren nicht aus dem Schlaf reißen. Als er zu sich kam, röchelte das gesamte Gemäuer, und an den Wänden zeigten sich scharlachrote Flecken. Eine farblose stinkende Flüssigkeit spritzte aus den Ritzen der Dielen. Außer Atem erreichte er das Erdgeschoss. In seinem Häuschen drehte der Pförtner, erneut mit dem Ausdruck der Verblüffung im Gesicht, ein riesiges Messer in der Hand. Zu seinen Füßen lag die Frau von vorhin, immer noch zuckend, in einer Blutlache.

Da erschien der Staatsanwalt mit Sitz in demselben Gebäude, das vor hundert Jahren für eine vergängliche Regierung errichtet worden war.

Er schaffte es nicht mehr, seine Staatsarbeit zu verteidigen, und das aus mannigfaltigen Gründen: In erster Linie erwies er sich zur Enttäuschung seiner

Verwandten als äußerst nervenschwach und konnte jene unglückliche Begebenheit nicht verdrängen, dann setzten ihm die Peripetien des Prozesses zu (in einem anderen Flügel des schicksalhaften Baus), bei dem er trotz der glänzenden Verteidigung eines Meisters der Rechte nicht überzeugend genug zu sein vermochte und dem schlauen Pförtner ins geschickt geflochtene Netz ging; dieser stellte, wiewohl nicht sonderlich ausgebildet, unter Beweis, dass der einfache Mensch oft besser auf unvorhersehbare Umstände vorbereitet ist, und brachte zu seiner Verteidigung vor, der Student habe versucht, seine Geliebte zu verführen, und ihn so zu dem Mord gedrängt. Der Onkel wiederum bekam Schwierigkeiten im Dienst, weil er einem Fremden Zugang zur Institution verschafft hatte und ihn die Schreibmaschine hatte nutzen lassen. Es kam zu einem Ermittlungsverfahren, bei dem die Staatsarbeit zu den Akten genommen wurde. Das Ergebnis fiel nicht zugunsten des Onkels aus, und er verlor seinen Arbeitsplatz. Dieser Kummer führte zu seinem baldigen Ende. Noch nicht einmal auf dem Sterbebett wollte er seinen Neffen wiedersehen. Hinzu kam, dass das Dekanat der Universität sich zum gegebenen Zeitpunkt von einem potenziell gefährlichen Element distanzierte und als Disziplinarmaßnahme eine einjährige Examenssperre gegen ihn verhängte.

Das Examen hat er nie abgelegt. Dafür fiel ihm ein paar Jahre später, während er allein vor einem Glas Bier im „Vaporul" saß, der Traum ein, den er kurz vor der Begebenheit geträumt hatte, die sein Leben verändern sollte. Kurz, es war der Traum mit dem Griff nach der Hand der Studentin. Er ist Hochschulprofessor. Er erscheint verspätet zur Vorlesung. Während er die Treppen hinaufsteigt, bewundert er selbst sich von oben, aus der Gruppe der Studenten heraus. Sie legen übertriebenen Respekt in ihren Gruß. Der junge Mann versucht, sein gealtertes Ebenbild auf sich aufmerksam zu machen, es gelingt ihm jedoch nicht. Das wurmt ihn. Er bemerkt, wie hässlich das Gesicht des anderen, wie lächerlich sein Anzug ist. Ein paar Mädchen kichern. Verärgert drückt der Professor dem scheuesten unter ihnen, das ihm nicht rechtzeitig aus dem Weg hat gehen können und gar keine Schuld hat, die Hand. Da gellt der Schrei des Mädchens. Der Student nimmt ihn mit veränderter Stimmlage auf und versetzt sich ganz in das Mädchen. Der Alte, der falsche Professor, vermag nur zu grunzen.

Unzählige Male hat er den verschiedensten Leuten den Traum erzählt. Die einen haben ihn insgeheim ausgelacht, andere Interesse vorgetäuscht. Eine Kleinigkeit hat er zu erwähnen vergessen, die unserer Ansicht nach interessant ist: Während des Traums kam er zu einem Samenerguss.

Der Mann, der Kafka verfilmen wollte, machte auch noch andere nennenswerte Erfahrungen. Dem beruflichen Scheitern folgte jenes der Ehe. Er kam wegen der Scheidung wieder in die bedrückenden Gänge und Säle. Die Frau hatte einen ansehnlicheren und tüchtigeren Mann vorgezogen. Beim Prozess tat der Richter so, als hätte gerade der Verlassene etwas zu verbergen und wäre ein Heuchler. Er redete ihm ins Gewissen und belehrte ihn streng in Sachen Moral. Dabei hatte er noch die

Hoffnung, das Gericht würde ihm das Sorgerecht für das Mädchen zusprechen, seine einzige Leistung, wie er zu sagen pflegte. „Du wirst nur das Hemd am Leib behalten", zischte auf dem Korridor die ehemalige Gattin am Arm des Liebhabers, „auch das Kind wirst du nicht mehr sehen", worauf das Mädchen, als es das hörte, zu schreien begann wie am Spieß, was selbst die kleinsten Beamten der Institution auf die Palme brachte. Sie zerrten die Weinende in das Anhörungszimmer für Minderjährige. Er machte sich auf die Suche nach ihr. In einer Engführung des Korridors, wo der Eingang zum Archiv besonders hervorsprang, prallte er gegen eine plötzlich geöffnete Tür und schlug sich eine Augenbraue auf. Der Schwarm der Putzfrauen eilte ihm zu Hilfe. Die Schreckschraube von der Toilette schleppte ihn mit Gewalt in ihr Dienstzimmer, wo sie ihm einen Verband aus Klopapier anlegte. Stark blutend entwand er sich ihren nach Urin und Aas stinkenden Armen. Er riss eine Tür nach der anderen auf. Der Chor der Kinder, die angehört werden sollten, empfing ihn mit einem aggressiven Refrain: „Väter raus, Mütter auch. / Hier haben wir das Sagen, / entscheiden alle Fragen / nach unserem eignen Brauch." Eine fraulich knospende Göre zeigte ihm ihre Stigmata: Krätze, Flechte, Hautausschlag. Er suchte das Weite, und der Luftzug lockte ihn in den Saal mit den kahlrasierten Männern in Häftlingskleidung. Ein Cordon von Gefängniswärtern trennte sie von der anbrandenden Flut der Verwandten, die zu ihnen wollten. Die Gesichter derer in der Box und der Blutsverwandten sahen sich erschreckend ähnlich. Selbst die Kinder hatten das Zeichen der Verdammnis auf der Stirn. Er geriet außer sich. Was er getan hatte, wusste er nicht zu sagen, genug, ein Ordnungshüter empfand es als Beleidigung. „Dein Platz ist dort", brüllte der, und schon saß er im gestreiften Drillich auf der harten Bank.

Adieu, Estella!

Herrn Dominik Nicol kenne ich seit ein paar Tagen. Und nur per Buch. Ich glaube ihm aber aufs Wort, wenn er behauptet, „in unserer kurzen Existenz machen wir verschiedene Erlebnisse durch, entweder aktiv oder als Gelegenheitsbeobachter".
Sein Name scheint auf amerikanische Notwendigkeiten zugeschnitten. Denn wie „The International Authors and Writers Who's Who", Cambridge (1991) zu entnehmen ist, wurde er von 63 Jahren irgendwo im Norden der rumänischen Oltenia geboren. Das Gymnasium absolvierte er in Râmnicu-Vâlcea, war Fotoreporter bei der Agentur Agerpres, Fotograf im Kankenhaus Cantacuzino. Seit 1968 lebt er in den USA.
Er war ein guter Trinker, hierzulande und im Exil, leider erlaubt ihm die Gesundheit heute nicht mehr, sich damit abzugeben.
Das Leben unter Fremden ist nicht leicht. Selbst die Landsleute erweisen sich als misstrauisch. Der rumänische Pope meidet in einem kritischen Moment das Kopfende seines Bettes, weil er schwul sei (woher er das

bloß hat, fragt sich der Herr Dominik mit selbstverständlicher Unschuld), deshalb muss er sich mit einem Pfarrer von der griechischen Kirche zufriedengeben.

Er hält wenig von dem Schriftsteller Sadoveanu (dass uns der Herr Eugen Simion bloß nicht hört!) aus der Zeit bei Agerpres (1950–1951), als er ihn im Rumänischen Athenäum gemeinsam mit Mayer Marcu fotografiert hat („vierschrötig, massiv, schwerfällig und rotwangig, er barst schier vor Gesundheit und Rücksichtslosigkeit") und zitiert ein Schmähgedicht von Păstorel, das jenen als Lakaien der Sowjets bloßstellt.

Eine andere Ebene: der Kontakt mit dem Jenseits. Gerade in dem Jahr, in dem er das Land verlässt, hat er einen Traum mit einem Kind, das für die Wende vom 19. zum 20. Jahrhundert typische Kleidung trägt. Der Zufall führt ihn drei Tage später auf den Friedhof Bellu, wo er die Grabplatte des Jungen aus dem Traum ausgräbt, Zaharia Coemgiopolu, gestorben 1908. Jahre später schickt er dem rumänischen Bischofsamt Vatra (Detroit) eine byzantinische Ikone zu dessen Gedenken, „as a mark for our dream encounter".

1986 erblickt er vor dem New Yorker Hotel Howard Johnson's einen „sehr sympathischen, sehr attraktiven, (…) sehr schönen" jungen Mann. Ihre Blicke begegnen sich wohlwollend. Der Herr Dominik gerät in Trance, als er ihn im Gegenlicht bewundert. Eine rein ästhetische Träumerei. Der andere spricht ihn an mit der Formel: „Nam Myoho Renge Kyoo". Nein, es war keiner von den unzähligen Verrückten der größen Metropole des bekannten Universums, sondern ein Anhänger einer buddhistischen Sekte. In den folgenden Tagen ist Dominik drauf und dran, zur neuen Religion zu konvertieren und den „Gohonzon" zu empfangen, er überlegt es sich im letzten Moment. Statt zum Treffen zu gehen, flaniert er durch das Naturkundemuseum, betritt die St. Patrick's Cathedral, wo eine Trauung gefeiert wird; als er sie verlässt, wird er von einem merkwürdigen Jungen fotografiert; schließlich kauft er nach einigem Zögern in der 26. Straße einen bronzenen Jesus mit einem Herzen im Strahlenkranz.

Ein Roman im Roman ist dem Leben des Schwaben Mihail Wagner gewidmet, Bukarester Bildhauer aus Karansebesch. Um 1945 wird er in den Donbas deportiert. Die Russen tragen ihm auf, eine Stalin-Statue für die Bezirksleitung zu schaffen, „bolschoi" soll sie sein, zehn Meter hoch. Die Arbeit ist auf zwei Jahre terminiert. Der Mann flüchtet, zu Fuß, mit dem Zug, spielt den Taubstummen und gelangt mit einer Gruppe entlassener Häftlinge wieder nach Hause. Seine Frau hat mittlerweile einen anderen. Die Bildhauerin Milița Pătrașcu gewährt ihm eine Weile Unterschlupf. Ein gerade erst beförderter Bonze verschafft ihm eine neue Identität.

Der Herr Dominik ist ein überzeugter Hagestolz. Vor zehn Jahren hat ihn sein spanischer Freund mit einer vorgeblichen Kusine verheiraten wollen, 25 Jahre jünger, Nonne in der Nähe von Madrid. Ein schönes Mädchen, aber der Herr Dominik geht nicht darauf ein, selbst als er mit 2000 Dollar geködert werden soll und man ihm sagt, es sei nur eine Scheinehe, damit sie in Amerika bleiben kann.

Was bliebe noch zu sagen? Vielleicht ein Souvenir: „Ich bin gestorben / Und mache / Blitzartig / Eine Rückschau / Null / Nichts / Ist geblieben / Von allem was war / Die Vergangenheit ist tot / Und ohne Sinn / Die Gegenwart leer / Verrückt und verlogen …"

Vorwand: Dominik Nicol, Pe portativul vieții (Jurnal literar), New York, 1992.

Nachwort

Viorel Marinesa, 1944 geboren, schloss sich mit Verspätung der Generation 80 an. Lieber später als nie, mag er sich wohl gesagt haben, und mir scheint, dass diese Einstellung, von den damaligen Umständen mal abgesehen, seinen literarischen Werdegang geprägt hat. Er debütierte spät als Lyriker, Anerkennung als Prosaschriftsteller fand er noch später. Einige der Schriftsteller in seinem Alter aus der Generation 60 waren bereits als Gymnasiasten berühmt geworden und beanspruchten hochmütig die Hoheit über die Literatur, gebärdeten sich in ihrem orakelhaften Lyrismus, als hätten sie eine historische Mission zu erfüllen.

Viorel Marineasa gehört zu den Stillen, ihm behagt die lärmende Offensive nicht. Ihn interessiert, fast obsessiv, seine Person nicht: er ist für die anderen da, für die kleinen und bedrückten Leute. Die Stars der Sechziger verstehen sich als Nachfolger einst berühmter Schriftsteller der rumänischen Literatur, Viorel Marineasa zählt man zu den sogenannten „kleinen" Autoren. Ihn interessiert das Studium einer Grenzregion. Ihn interessieren die an den Rand Getriebenen, die Verlassenen, die Unbehausten, könnte man sagen. Es interessieren ihn Menschen, die mit Literatur nichts am Hut haben. Er schreibt für die Banater über die Banater, lässt sie „wie zu Hause" zu Wort kommen, in ihrem Banater Dialekt: Wörter, die sie von den Schwaben, den Serben, den Ungarn übernommen haben, mit denen sie zusammen leben. Es sind „angepasste" Wörter.

Sorin Titel und Livius Ciocărlie haben in ihren Büchern eine literarische Geografie des Banat entworfen, Viorel Marineasa verleiht dieser Konturen und Tiefe, indem er auf den Dialekt dieser Region zurückgreift, den wichtige Banater Autoren gemieden haben.

Cornel Ungureanu

Übersetzer

Georg Aescht, *1953 in Zeiden/Codlea, Siebenbürgen, Rumänien, war nach dem Studium der Germanistik in Klausenburg/Cluj Deutschlehrer an der deutschen Abteilung eines Gymnasiums in Klausenburg, neben literaturkritischen Publikationen und der Mitarbeit an Literaturlehrbüchern (für deutsche Muttersprachler) veröffentlichte er Übersetzungen aus dem Rumänischen und Englischen. Nach der Ausreise 1984 war er Korrektor in einer Setzerei in Bonn, seit 1991 ist er Redakteur bei der Stiftung Ostdeutscher Kulturrat / Deutsche Kultur im östlichen Europa – OKR, in Bonn / Königswinter, seit 2014 auch beim Institut für deutsche Kultur und Geschichte Südosteuropas, München. Neben seiner publizistischen (Literatur- und Kunstkritik, Essayistik) und Vortragstätigkeit vor allem zu deutscher Literatur in und aus Rumänien veröffentlicht er Übersetzungen aus dem Rumänischen und Französischen. Übersetzt hat er verschiedene Sachbücher (Philosophie, Kulturgeschichte) aus dem Rumänischen, dazu (in der Reihenfolge ihres Erscheinens: Oscar Wilde (a. d. Engl.), Ion Agârbiceanu, Gellu Naum (mehrfach), Alexandru Papilian, Carmen Francesca Banciu (mehrfach), Alexandru Vona (a. d. Franz. und Rum.), Mihail Sebastian, Norman Manea (mehrfach), Andrei Pleşu, Filip

Florian (mehrfach), Dan Coman, Teodor Dună, Claudiu Komartin, Gabriela Adameșteanu und Lucian Boia (mehrfach). Als Herausgeber betreut hat er „Siebenbürgen erlesen" in der Reihe „Europa erlesen", Horst Peter Depners „Auch ohne Zukunft ging es weiter. Erinnerungen eines politischen Häftlings" und die Buchreihe „Zeidner Denkwürdigkeiten".

Inhalt

Von Pauers, Beamters und anderen Sachen

Der letzte Harambascha 9
Melancholien mit Nadejda 13
Partoș–Europa, hin und zurück 17
Der „Troubadour" und Doftana 23
Die Pauers und die Beamters verkloppen die Meisters 27
Eine Tabes und eine Tabakdose als Erbschaft 33
Der Duft des Knoblauchs 39
Die Sache 47
Uica Ghiță (1) 51
Der doppelte Selbstmord im Heuschober 55
Zum Zaun 63
Uica Ghiță (2) 65
Retro 69
Das Hexameron 73
Hare Krsna 81

Kleiner Grenzverkehr

Lohndiener … Lakai … Agent 87
Reschitza – Tscheljabinsk 93
Kleiner Grenzverkehr 101
Es gibt Krankheiten, die einen stärker machen 107
(Noch) Ein bekümmerter Mensch 111
Repräsentatives Verbrechen 115
Teregova – Kentucky 119

Wiener Fälschung
Wien – Herkulesbad – Instanbul *127*
Dikasterialpalast *131*
Adieu, Estella! *139*

Nachwort *143*
Übersetzer *145*
Inhalt *147*

Die POP-Verlag-Epikreihe

- Bd. 1 eje winter, *hybride texte.*
  ISBN: 978-3-937139-07-9 €[D]12,60
- Bd. 2 **Grigore Cugler**, *Apunake, eine andere Welt.*
  ISBN: 978-3-937139-08-7; €[D]21,80
- Bd. 3 **Ulrich Bergmann**, *Arthurgeschichten.*
  ISBN: 978-3-937139-09-5 ;
  €[D]12,70
- Bd.4 **Francisca Ricinski**, *Auf silikonweichen Pfoten.*
  ISBN: 978-3-937139-12-5; €[D]13,80
- Bd. 5 **Anita Riede**, *Blühende Notizen. Liebe Luise, Briefe aus der Stadt. Pariaprojekt.* ISBN: 978-3-937139-13-9; €[D]12,90
- Bd. 6 **Rainer Wedler**, *Zwischenstation Algier.* Roman.
  ISBN: 978-3-937139-11-7; €[D]12,90
- Bd. 7 **Ulrich Bergmann**, *Kritische Körper.*
  ISBN: 978-3-937139-25-7; €[D]17,20
- Bd. 8 **Dieter Schlesak**, *Vlad. Die Dracula-Korrektur.*
  Roman. ISBN: 978-3-937139-36-4; €[D]16,20
  VLAD, DER TODESFÜRST. Die Dracula-Korrektur. 2., neu bearbeitete und ergänzte Auflage, 2009. Roman.
  ISBN: 978-3-937139-57-9; €[D]15,50
- Bd. 9 **Markus Berger**, *Kopftornado.* ISBN: 978-3-937139-51-7 ;
  €[D]9,90
- Bd. 10 **Ioona Rauschan**, *Abhauen.* Roman.
  ISBN: 978-3-937139-52-4; €[D]19,20
- Bd. 11 **Thomas Brandsdörfer**, *Die schöne Insel.* Roman.
  ISBN: 978-3-937139-53-1; €[D]15,00
- Bd. 12 **Orhan Kemal**, *Die 72. Gefängniszelle.*
  ISBN: 978-3-937139-54-8; €[D]15,90
- Bd. 14 **Johann Lippet**: *Migrant auf Lebzeiten.* Roman.
  ISBN: 978-3-937139-56-7: €[D]15,90
- Bd. 15 **Imre Török**, *AKAZIENSKIZZE. Neue und alte Geschichten. Phantasieflüge.* ISBN: 978-3-937139-69-2; €[D]14,80
- Bd. 16 **Elisabeth Rieping**, *Die Altgesellen.* Prosa, Debütpreis 2009 (Prima Verba). ISBN: 978-3-937139-73-9; €[D]10,00
- Bd. 17 **Lucian Dan Teodorovici**, *Dann ist mir die Hand*

ausgerutscht. ISBN: 978-3-937139-80-7; €[D]15,00
- Bd. 18 **Rainer Wedler**, *Die Leihfrist.* Roman. ISBN: 978-3-937139-81-4; €[D]12,00
- Bd. 19 **Carsten Piper**, *Ab 18.* Roman. ISBN: 978-3-937139-88-3; €[D]10,00
- Bd. 20 **Imre Török**, *Insel der Elefanten.* Roman. ISBN: 978-3-937139-91-3; €[D]19,90
- Bd. 21 **Ondine Dietz**, *Meister Knastfelds Hybris. Liebeserklärung an das alte und junge Klein-Wien.* Prosa. Debütpreis 2010 (Prima Verba). ISBN: 978-3-937139-94-4; €[D]15,90
- Bd. 22 **Albrecht Schau**, *Von der belebenden Wirkung des Verbrechens. Urlaubsgrüße aus dem wahren Leben.* Roman. ISBN: 978-3-937139-95-1 €[D]16,90
- Bd. 23 **Dante Marianacci**, *Die Theißblüten.* Roman. ISBN: 978-3-937139-97-5
- Bd. 24 **Johann Lippet**, *Dorfchronik, ein Roman.* ISBN: 978-3-937139-99-9; €[D]25,90
- Bd. 25 **Uli Rothfuss,**: *Tannenmörder.* ISBN: 978-3-86356-002-7 ; €[D]10,00
- Bd. 26 **Jörg Kremers & Gerd Sonntag**, *Also bin ich.* Roman. Debütpreis 2011 (Prima Verba). ISBN: 978-3-86356-004-7; €[D]23,00
- Bd. 27 **Herwig Haupt**, *Wieder Lust auf ein Bier. Kurzprosa für nachher.* ISBN: 978-3-86356-005-8
- Bd. 28 **Wjatscheslaw Kuprijanow**, *Ihre Tierische Majestät. Roman.* ISBN: 978-3-86356-008-9; €[D]16,00
- Bd. 29 **Johann Lippet**, *Der Altenpfleger. Zwei Erzählungen.* ISBN: 978-3-86356-012-6; €[D]13,20
- Bd. 30 **Michael Gans**, *Wo der Hund begraben liegt.* Leonberger Kurzkrimis. ISBN: 978-3-86356-013-3
- Bd. 31 **Julia Schiff**, *Reihertanz.* Roman. ISBN: 978-3-86356-014-0; €[D]15,80
- Bd. 32 **Kurt Sigel**, *Glückloses Glück.* Erotische Erzählungen und andere Prosa mit Liebesversen und Zeichnungen des Autors. ISBN: 978-3-86356-016-4; €[D]17,80
- Bd. 33 **Jan Cornelius**, *Über Google, Gott und die Welt. Satirische Streifzüge.* Mit Cartons von **Miroslav Barták**.

ISBN: 978-3-86356-017-5 €[D]10,00
- Bd. 34 **Ngo Nguyen Dung:** *Die Insel der Feuerkrabben.* Erzählungen. ISBN: 978-3-86356-018-8; €[D]12,00
- Bd. 35 **Gerti Michaelis Rahr,** *Unverhofft.* ISBN: 978-3-86356-021-8; €[D]10,50
- Bd. 36 **Charlotte Ueckert,** *Nach Italien.* Liebesgeschichten von anfangs und später. ISBN: 978-3-86356-028-7; €[D]14,80
- Bd. 37 **Imre Török,** *Das Buch Luzius. Märchen und andere Wahrheiten.* ISBN: 978-3-86356-026-3 €[D]14,00
- Bd. 38 **Rainer Wedler,** *Seegang.* Novelle. ISBN: 978-3-86356-030-0; €[D]10,00
- Bd. 39 **Julia Schiff**, *Steppensalz. Aufzeichnungen eines Ausgesiedelten.* Roman. ISBN: 978-3-86356-033-1 €[D]15,80
- Bd. 40 **Jan Cornelius,** *Heilige und Scheinheilige.* Ganz weltliche Satiren. Mit Cartons von **Miroslav Barták**. ISBN: 978-3-86356-038-6; €[D]10,00
- Bd. 41 **Carsten Piper,** *Dich zu lieben war voll daneben.* ISBN: 978-3-86356-040-9; €[D]13,60
- Bd. 42 **Gerhard Bauer,** *Professor Fuhrmanns Badekur.* Roman. Debütpreis 2012 (Prima Verba). ISBN: 978-3-86356-041-6; €[D]14,20
- Bd. 43 **Johann Lippet,** *Bruchstücke aus erster und zweiter Hand.* Roman. ISBN: 978-3-86356-050-8; €[D]15,00
- Bd. 43 **Rainer Wedler,** *Es gibt keine Spur.* Prosastücke. ISBN: 978-3-86356-052-2; €[D]17,80
- Bd. 44 **Kristiane Kondrat,** *Anastasius und andere Staatsbürger.* ISBN: 978-3-86356-068-3; €[D]12,00
- Bd. 45 **Albrecht Schau,** *Von Schlagbäumen, Schlaglöchern und Schlaglichtern. Aphorismen und Capriccios.* ISBN: 978-3-86356-080-5; €[D]15,00
- Bd. 46 **Mark Behrens,** Zwei Seiten. Roman. ISBN: 978-3-86356-068-3; €[D]15,99
- Bd. 47 **Adelheit Szekeresch,** Papierflugzeug. Roman. ISBN: 978-3-86356-067-6; €[D]21,99
- Bd. 48 **Imre Török,** *Das Buch Luzius. Märchen und andere Wahrheiten.* Erzählungen. Illustrierte Ausgabe. Illustriert von Libuše Schmidt ISBN: 978-3-86356-059-1; €[D] 16,50

- Bd. 49 **Julia Schiff**, *Verschiebungen*. Roman.
  ISBN: 978-3-86356-075-1; €[D]15,50
- Bd. 50 **Robert Schiff**, Falsche Fuffziger. Roman.
  ISBN: 978-3-86356-068-3; €[D]15,500
- Bd. 51 **Peter Frömmig**, *Das Rumoren am Rande der Ereignisse Erkundungen auf Nebenschauplätzen*. Prosa-Miniaturen und kurze Geschichten. ISBN: 978-3-86356-068-3; €[D]14,50
- Bd. 52 **Rainer Wedler**, *Auch die Brombeeren haben keine Bedeutung mehr.* Roman. ISBN: 978-3-86356-076-8; €[D]12,99
- Bd. 53 **Johann Lippet**, *Die Quelle informiert. Ein Bericht.* Roman.
  ISBN: 978-3-86356-100-0; €[D]13,80
- Bd. 54 **Dieter Schlesak**, *TRANSSYLWAHNIEN*. Roman
  ISBN: 978-3-86356-090-4; €[D]18,20
- Bd. 55 **Steliana Huhulescu**, *Flucht aus der Hölle*. Roman.
  ISBN: 978-3-86356-085-0; €[D]21,99
- Bd. 56 **Michael Gans**, *Boheims Rhapsodie*. Roman
  ISBN: 978-3-86356-082-9; €[D]16,30
- Bd. 57 **Peter Ettl**, *Noch Hundert Lichtjahre bis Buffalo*.
  Kurzgeschichten ISBN: 978-3-86356-091-1; €[D]11,99
- Bd. 58 **Barbara Zeizinger**, *Am weißen Kanal*. Roman.
  ISBN: 978-3-86356-094-2; €[D]15,50
- Bd. 59 *Abasinische Prosa. Folklore, Erzählungen, Novellen und Miniaturen.* ISBN: 978-3-86356-088-1; €[D]17,00
- Bd. 60 *Ursula Teicher-Maier, Kühe und Locken drehen.*
  ISBN: 978-3-86356-106-2; €[D]14,50
- Bd. 61 **Johann Lippet**, *Amei und Mari oder Nacherzähltes Leben. Ein Heimatroman.* ISBN: 978-3-86356-121-5; €[D]15,99
- Bd. 62 **Stefanie Golisch**, *Anstelle des Mondes*. Erzählung,
  ISBN: 978-3-86356-108-6; €[D]12,99
- Bd. 63 **Rainer Wedler**, *Nock*. Roman ISBN: 978-3-86356-119-2; €[D]15,50
- Bd. 64 **Imre Török**, *Wanderer. Zwischenwelten*. Mit 19 Zeichnungen von Libuše Schmidt. ISBN 978-3-86356-122-2; €[D] 21,90
- Bd. 65 **Tschola Lomtatidse**, *Die Beichte.* Fünf Erzählungen.
  ISBN,978-3-86356-117-8; €[D] 16,99
- Bd. 66 **Ekaterine Gabaschwili**, *Magdanas Esel*.
  ISBN,978-3-86356-112-3, €[D] 16,99

- Bd. 67 **Katja Kutsch**, *Fräulein Pippa fliegt davon*. Roman.
  ISBN: 978-3-86356-125-3; €[D]16,50
- Bd. 68 **Christine Kappe**, *Vom Zustand der Welt um 4 Uhr 35*. ISBN: 978-3-86356-123-9; €[D]14,90
- Bd. 69 **Eric Giebel**, *Im roten Sand*. Erzählung.
  ISBN 978-3-86356-127-7, €[D]13,45
- Bd. 70 **Edith Ottschofski**, *Luftwurzeln*. Roman,
  ISBN 978-3-86356-137-6; €[D]16,90
- Bd. 71 **Daniel Bănulescu**, *Der Teufel jagt nach deinem Herzen*. Roman. ISBN 978-3-86356-178-9; €[D]18,50
- Bd. 72 **Imre Török**, *Die Königin von Ägypten in Berlin*. Roman.
  ISBN 978-3-86356-150-5; €[D]20,00
- Bd. 73 **Steliana Huhulescu**, *Parallelwelten Opfer der Freiheit*.
  ISBN 978-3-86356-158-1; €[D]23,00
- Bd. 74 **Rainer Wedler**, *Stiftorgel*. Roman. Kurze Texte 2017-2017. Mit Fotos aus den „objets trouvés et transformés" des Autors.
  ISBN 978-3-86356-190-1; €[D]23,00
- Bd. 75 **Bernd Kebelmann**, *Blind Date mit Ägypten. Ein Reiseroman*. ISBN 978-3-86356-153-6; €[D]20,00
- Bd. 76 **T. A. Wilrode**, *Fliege Cuba und andere Abenteuer oder wie ich lernte, einem Bücherfreund die Augen für das wahre Leben zu öffnen und den Bombenanschlägen dieser Welt aus dem Weg zu gehen*. Roman. 978-3-86356-146-8; €[D]23,00
- Bd. 77 **Johann Lippet**, *Wegkreuze. Beobachtete, gehörte, gelesene und andere Geschichten*. ISBN 978-3-86356-180-2; €[D]13,80
- Bd. 78 **Guram Assatiani**, *So liebte man in Georgien*.
  ISBN 978-3-86356-169-7; €[D]19,90
- Bd. 79 **Albrecht Schau**, *Vom Stöhnen des Leibes*. Heitere Erkundungen zum Lebensmittelpunkt.
  ISBN 978-3-86356-164-2; €[D]16,50
- Bd. 80 **Mossulischwili, Micho**, *Schwäne im Schnee*.
  ISBN 978-3-86356-170-3; €[D]17,80
- Bd. 81 **Mika Alexidse**, *DMan spricht nicht über den Tod*. Erzählungen. ISBN 978-3-86356-172-7; €[D]18,20
- Bd. 82 **Eric Giebel**, *Hototogisu. Prosaminiaturen*
  ISBN, 978-3-86356-183-2; €[D]14,50
- Bd. 83 **Radu Găvan**, *Neverland*, ISBN, 978-3-86356-181-9; €[D]18,50

- Bd. 84 **Jürgen Israel**, *Der junge Herr Godeau am Karfreitag*. Erzählungen. ISBN, 978-3-86356-173-4; €[D]15,00
- Bd. 85 **Benedikt Dyrlich**, *Grüne Hasen dampfen ab. Geschichten.* ISBN, 978-3-86356-187-1; €[D]16,50
- Bd. 86 **Jürgen Israel**, *Der junge Herr Godeau am Karfreitag*. Erzählungen. ISBN, 978-3-86356-173-4; €[D]15,00
- Bd. 87 **Eginald Schlattner**, Wasserzeichen. ISBN 978-3-86356-216-8; €[D]29,00
- Bd. 88 **R. G. Waldeck**, *Athénée Palace Hitlers „Neue Ordnung" kommt nach Rumänien*. Roman. ISBN 978-3-86356-218-2; €[D]24,50
- Bd. 89 **Harald Gröhler**, *In Eile, im Mantel Neue Stories.* ISBN 978-3-86356-219-9; €[D]16,50
- Bd. 90 **Ioana Nicolaie**, *Der Himmel im Bauch*. Roman. ISBN, 978-3-86356-188-8; €[D]18,50
- Bd. 91 **Marco Sagurna**, *Warmia*. Roman. ISBN: 978-3-86356-228-1, €[D]23,50
- Bd. 92 **Barbara Zeizinger**, *Er nannte mich Klárinka*. Roman. ISBN: 978-3-86356-242-7; €[D]21,00
- Bd. 93 **Romanița Constantinescu** (Hrsg.), *Im kalten Schatten der Erinnerung*. Eine Anthologie zeitgenössischer Prosa aus Rumänien. ISBN: 978-3-937139-76-0: €[D]20,00

Bd. 94 **Irmgard Maria Ostermann**, *Junger Bambus*. Roman. ISBN: 978-3-86356-207-6: €[D]18,50

Bd. 95 **Viorel Marineasa**, *Dikasterialpalast.* ISBN: 978-3-86356-192-5: €[D]16,50

Bd. 96 **Daniel Bănulescu**, *Ich küsse Dir den Hintern, geliebter Führer*. ISBN 978-3-86356-231-1; €[D]19,50